Doppelte Heimat

Türkische Migranten berichten

Herausgegeben und mit einem
Nachwort von Beatrix Caner

HEINRICH & HAHN

Originalausgabe

Gestaltung und Herstellung:
Wolff Kommunikation, Frankfurt am Main
Druck und Bindung:
fgb Freiburger Graphische Betriebe, Freiburg
Printed in Germany
ISBN 978-3-86597-050-3

www.heinrichundhahn.de

INHALT

Vorbemerkung 7

Was macht einen zu einem Frankfurter,
was zu einem Deutschen? 9
Hilmi Tozan

Was ist Migration? 17
Abdullah Eldelekli

Türkischsprachige Intellektuelle in Frankfurt 25
Osman Çutsay

Der einsame Wittgenstein 39
Şükran Yiğit

Deutsche, Türken und Frankfurt 53
Alp Hamuroğlu

Die Position des Anderen 65
Naime Çakır

Die Widerstandskraft des Türkischen 85
Gürsel Köksal

Meine Stadt 95
Rüçhan Krusche

In zwei Städten zu Hause 109
Yıldız Köremezli-Erkiner

Interview mit Yıldırım Dağyeli 125

Nachwort 137

Autorenverzeichnis 144

Vorbemerkung

Was bewegt die Türken, die in diesem Land leben?

Obwohl sie in den Medien so präsent zu sein scheinen, weiß man nur selten, wie die hier lebenden Menschen aus der Türkei denken und fühlen, was ihre Wünsche im Leben und ihre Träume sind. Warum ziehen sie es vor, in Deutschland zu leben, statt in ihrer türkischen Heimat? Um auf diese und ähnliche Fragen eine Antwort zu erhalten, sollten die Betroffenen selbst zu Wort kommen und ihre Sicht der Dinge schildern.

Zehn Menschen aus der Türkei gewähren im Folgenden Einblicke in ihr Leben, schreiben über ihre Bindungen zu diesem Land; zehn Menschen – zehn Schicksale, die aus den Texten ansatzweise erkennbar werden. Es sind erfolgreiche Geschäftsleute, Künstler oder Journalisten, sie alle sind hochqualifiziert und üben ihre Berufe meist im Stillen und unauffällig aus.

So sind Texte entstanden, in denen sehr unterschiedliche Meinungen, Erfahrungen und Wünsche, Privates und Öffentliches sichtbar werden. Und bei genauerem Hinsehen wird in diesen Texten viel mehr ersichtlich, als in ihnen geschrieben steht: Auch das Unausgesprochene ist spürbar, die Angst vor Ausgrenzung oder Ablehnung. Denn in erster Linie geht es darum, dazuzugehören, von der deutschen Gesellschaft akzeptiert werden. Und einen Dialog zu beginnen, der die Menschen nicht auf ihr Herkunftsland reduziert.

Beatrix Caner

Was macht einen zu einem Frankfurter, was zu einem Deutschen?

Hilmi Tozan

Gewöhnlich versteht man eine Stadt als eine Ansammlung von Gebäuden, Straßen, Plätzen und Parkanlagen, hinzu kommen die Menschen, die darin leben und ihrem Alltag nachgehen. Doch eine Stadt wird einem erst dann zu einem Ort des Lebens und des Gelebten, wenn sie sich in der Wahrnehmung nicht nur aus Häusern und Straßen und von Bauwerken umgebenen freien Flächen zusammensetzt, sondern wenn noch etwas dazukommt, das über die bloße Architektur hinausgeht. Die Stadt, in der man geboren und aufgewachsen ist, wird erst durch die Erinnerungen an die Menschen, an bestimmte Gebäude und Straßen und durch die Wahrnehmung ihrer Veränderungen zu einem lebendigen Ort. Und erst die Erinnerungen lassen diese Stadt zu etwas wahrhaft Besonderem werden, das sie endgültig von allen anderen Orten unterscheidet.

Unsere Erinnerungen beruhen auf bewussten und unbewussten Wahrnehmungen. Neben Gesehenem können Gerüche, Geräusche und Gefühle Erinnerungen an ganz bestimmte Dinge, Ereignisse oder Zeiten in unserem Leben hervorrufen. Das zischende Geräusch der Autoreifen auf dem nassen Asphalt, das Prasseln der Regentropfen auf den Fensterscheiben, das Geräusch von Schritten werden für mich immer zu Frankfurt gehören, denn meine erste Nacht in »Almanya« – Frankfurt bedeutete damals für mich Deutschland schlechthin – war von diesen Geräuschen bestimmt.

Obwohl in Frankfurt geboren, beginnen meine Erinnerungen an Frankfurt erst als Sechsjähriger. Wie viele meiner Altersgenossen, hatten meine Brüder und ich als ›Gastarbeiterkinder‹ den größten Teil unserer frühen Kindheit zwischen hier und dort verbracht. Meine Eltern mussten arbeiten, also wuchsen wir bei unseren Großeltern in der Türkei auf. Bis meine Eltern irgendwann im Sommer des Jahres 1980, kurz vor dem Militärputsch, in die Türkei kamen und meinen Großeltern mitteilten, dass es nun an der Zeit sei, dass die Kinder bei den Eltern aufwuchsen. Wenn es nach uns gegangen wäre, wären wir bei unseren Großeltern geblieben, aber als Kind lässt man sich nur allzu gerne von schönen Dingen und der Aussicht auf noch mehr Spielzeug bestechen. Vor allem die Vorstellung, in Deutschland gebe es noch viel mehr davon, machte uns die Entscheidung um einiges leichter. Damals stellte ich mir Deutschland als ein Schlaraffenland vor – nur noch besser.

Wie es sich in jener Zeit gehörte, fuhren wir mit dem Auto in die »neue Heimat«. Als wir nach fast dreitägiger Reise in Frankfurt ankamen, war es schon dunkel. Es regnete, und es war kalt. Frankfurt war nicht so, wie ich es mir vorgestellt hatte. In dieser Nacht konnte ich kaum schlafen. Da waren diese unbekannten Geräusche. Autos fuhren an unserer Wohnung vorbei. Ich hörte Schritte, manchmal auch Stimmen. Aber woher sie kamen und zu wem sie gehörten, wusste ich nicht. Was die Stimmen sagten, konnte ich sowieso nicht verstehen. Es dauerte lange, bis ich sie verstand. Ich war in Deutschland – bin mir allerdings bis heute nicht ganz sicher, ob ich auch angekommen bin.

Das war meine erste Nacht in Frankfurt. Wir wohnten damals in Bornheim. Seitdem hat sich vieles verändert. Die Stadt, ihre Menschen, das Klima und auch ich. Viele dieser Veränderungen habe ich bewusst erlebt. Einige sind an mir vorbeigegangen. Manche haben mich beeinflusst. Aber die erste kalte, regnerische Nacht hat sich für immer in mein Gedächtnis eingebrannt. Immer noch verbinde ich Deutschland mit Kälte und Regen.

Ob Frankfurt damals eine Weltstadt war, als die sie heute gerne dargestellt wird, weiß ich nicht. Als kleiner Junge interessierte mich das nicht besonders. Auf jeden Fall wurde die Silhouette der Stadt damals noch nicht von Hochhäusern bestimmt. Auch an ihre genaue Anzahl kann ich mich nicht erinnern. Doch eines dieser Hochhäuser habe ich bis heute nicht vergessen: das Selmi-Hochhaus oder City-Hochhaus, wie es heute offiziell genannt wird, am Platz der Republik. Meine Eltern erzählten, der persische Schah habe es gebaut und später verkauft. Woher sie diese Information hatten, weiß ich bis heute nicht, aber das schwarze Gebäude hatte damals für mich etwas Mysteriöses. Bis heute habe ich dieses nicht betreten. Mit den Jahren kamen zu den bestehenden immer neue Hochhäuser hinzu, manche davon ziemlich unspektakulär. Nur der Bau des Torhauses auf dem Messegelände wurde zu einem Wendepunkt in meiner Wahrnehmung der Stadt.

Es war um das Jahr 1984. An einem Sonntag besuchten wir Verwandte im Gallusviertel, und ich ging mit dem Sohn unserer Gastgeber zum Spielen hinaus. Nachdem wir uns einige Zeit auf dem Spielplatz aufgehalten hatten, machten wir uns auf, nach richtigen Abenteuern Ausschau zu halten, und schlenderten durch die Straßen des Viertels. Irgendwann kamen wir zur Galluswarte, dort gingen wir unter der Brücke hindurch, bogen nach links ab in Richtung Emser Brücke. Plötzlich ging es nicht mehr weiter. Wir standen vor einer riesigen Baustelle. In der Ferne erkannten wir ein Betongebilde: das heutige Torhaus. Der Rohbau war schon beinahe fertiggestellt. Wozu das Gebäude dienen sollte, wussten wir nicht. Sicher war nur: Im Viertel gab es von nun an noch weniger Plätze zum Spielen. Wenn ich heute zurückblicke, wurde uns Kindern mit jedem Bauprojekt ein Stück Spiel-Raum genommen. Wir Ausländerkinder kannten damals keine Sport- oder Freizeitklubs. Unsere Eltern hätten sich die Mitgliedsbeiträge gar nicht leisten können. Oder sie hätten sie für eine unnötige Ausgabe gehalten, die die rasche Rückkehr in die Heimat verzögert hätte. Deshalb war für uns die ganze Stadt ein großer Raum, der zum Spielen zur Verfügung stand.

Wichtig waren die Parks. Im »Park mit dem Bullen« spielte ich oft. Da Fußballvereine weitgehend unbekannt waren, gingen wir in den Park, um Fußball zu spielen. Wie der Park mit dem Bullen wirklich hieß, erfuhr ich erst später in der Schule. Wenn ich heute meiner Mutter vom Günthersburgpark erzähle, muss ich immer auch erwähnen, dass es sich um den »Boğalı Park«, also den »Park mit dem Bullen« handelt. Irgendwann stellte ich fest, dass meine Eltern und auch andere türkische Eltern für viele Orte in und um Frankfurt ganz andere Namen hatten als die Deutschen. Zum Beispiel hieß der von uns so genannte »ADAC-Park« bei den Deutschen Rebstockpark. Dass wir ihn ADAC-Park nannten, hatte wohl etwas mit dem Automobilklub zu tun, der ganz in der Nähe eine Geschäftsstelle hat. Und der Bethmann-Park zwischen der Friedberger Landstraße und der Bergerstraße hieß nur »der Park mit den Rosen«. Beim Ostpark ließen wir einfach das ›t‹ fallen, so dass es sich anhörte wie »Osspark«.

Warum die Ortsnamen bei uns andere waren, wurde mir erst mit den Jahren klar. Meine Eltern hatten damals und haben bis heute eine ganz andere Wahrnehmung der Stadt. Sie konnten Deutschland und damit auch Frankfurt nicht so wahrnehmen wie die Deutschen. Dafür mangelte es ihnen zu allererst an Sprachkenntnissen. Wichtiger als die fehlende Sprachkenntnis aber war, dass ihnen die emotionale Bindung zu dieser Stadt fehlte. Frankfurt war für sie ein beliebiger Ort. Theoretisch hätten sie damals überall in Deutschland leben und arbeiten können. Die Entscheidung, wo sie leben würden, war damals nur davon abhängig, wo sie Arbeit fanden und von welchem Arbeitgeber sie angeworben wurden. In Frankfurt angekommen, mussten sie sich an das neue Leben erst gewöhnen. Indem sie vielen Orten einen eigenen Namen gaben, machten sie Frankfurt zu »ihrer« Stadt – und blieben ihr trotzdem immer fremd.

Aber was ist mit mir und den anderen Gastarbeiterkindern, die in Frankfurt geboren sind? Für mich ist diese Stadt nicht wie jede andere. Aber sie ruft auch keine besonderen Emotionen hervor. Trotz vieler Erinnerungen und Erlebnisse fühle ich mich Frankfurt nicht voll und ganz zugehörig. Dies liegt an *meiner* Wahrnehmung. Sie unterscheidet sich zwar von der meiner Eltern, aber auch mein Bild deckt sich nicht mit dem eines Einheimischen.

Auch hat sich die Stadt in den letzten Jahren sehr verändert. Als Kind war Frankfurt für mich ein großer Spielplatz. Identität und Zugehörigkeit spielten keine Rolle. Ob der Park nun Günthersburgpark oder »Boğalı Park« hieß, war bedeutungslos. Doch spätestens, als ich 16 Jahre alt wurde, erfuhr ich, dass dieser feine Unterschied doch etwas Erhebliches ist. Mein Gang zur Ausländerbehörde in der Mainzer Landstraße machte mir zum ersten Mal bewusst, dass ich in dieser Stadt ein Fremder war. Anders als meine deutschen Altersgenossen brauchte ich eine besondere Erlaubnis, um in der Stadt, in der ich geboren wurde, leben zu dürfen. Bis zu jenem Tag war mir mein »Ausländersein« nicht bewusst gewesen, sondern ich hatte mich ganz selbstverständlich als Frankfurter gefühlt. Doch der Stempel in meinem Pass veränderte alles. Auf einmal nahm ich Dinge wahr, die mir vorher nicht bewusst gewesen waren. »Ausländer-Raus«-Parolen an den Häuserwänden ergaben auf einmal einen Sinn. Hakenkreuze waren nicht mehr das Relikt einer dunklen Vergangenheit, sondern konkrete Gegenwart, die auch mich betraf. Weit schlimmer als diese offenen waren die latenten Anfeindungen. Oder wenn man von einer Nachbarin, mit der man jahrelang Tür an Tür gelebt hatte, plötzlich angebrüllt wird »Geht doch dahin, wo ihr hergekommen seid. Das ist nicht euer Land. Haut ab!«. Oder wenn einem der Vater eines deiner besten Freunde sagt: »Mein Sohn hat mit Türken und anderen Ausländern nichts zu tun.«

Das alles liefert viel Stoff, nachzudenken. Frankfurt war kein neutraler Ort mehr, schon gar kein Spielplatz. Ab einem bestimmten Zeitpunkt, der mit meinem 16. Geburtstag zusammenhing, wurde Frankfurt zu einer politisch umkämpften Zone. Es ging damals – und geht auch heute noch – um das Recht des »Hier-sein-Dürfens«. Manche dürfen es durch die »Gnade der Geburt«. Andere müssen sich dieses Recht regelmäßig erkämpfen. Mein bisheriges Leben in Frankfurt empfinde ich als einen ständigen Kampf um die Anerkennung dieses Rechts – meines Rechts.

Zuerst war ich ein Gastarbeiterkind, doch das machte mir aufgrund meines kindlichen Alters wenig aus. Dann wurde ich Ausländer. Später machte man aus mir einen Migranten. Dann wurde ich ein Deutsch-Türke. Heute bin ich jemand mit Migrationshintergrund. All diese Attribute vermitteln mir das Gefühl, nicht als ein natürliches Mitglied dieser Gesellschaft anerkannt zu werden.

Wenn mich heute jemand nach meiner Herkunft fragt, sage ich: »Ich bin Türke.« Früher war das anders, damals sagte ich: »Ich bin gebürtiger Frankfurter, aber kein Deutscher.« Die Reaktionen waren immer gleich: Staunen und ungläubige Blicke. Wie sollte das gehen: gebürtiger Frankfurter, ohne gleichzeitig Deutscher zu sein? In den Augen vieler Einheimischer geht das nicht. Man ist nur Frankfurter, wenn man Deutscher ist, andernfalls ist man jemand mit Migrationshintergrund. Heute betrachte ich meine Beziehung zu Frankfurt wie eine Zwangsehe, die vor über 30 Jahren geschlossen wurde. Meine Eltern suchten sich Frankfurt nicht freiwillig zum Leben aus.

Die Umstände zwangen sie dazu, hierher zu kommen. Ich wurde in diese Ehe hineingeboren. Irgendwie ist zwischen uns, der Stadt und mir, keine richtige Liebe entstanden. Hassen können wir uns auch nicht. Ich habe mich den Verhältnissen angepasst. Die Kraft, sie zu ändern, bringe ich nicht mehr auf. Ob ich ein glücklicheres Leben geführt hätte, wenn es anders wäre, bleibt Spekulation. Irgendwie lohnt es sich nicht, darüber nachzudenken. Interessanter ist die Frage, ob meine Kinder und deren Kinder sich aus dieser ›Zwangsehe‹ werden befreien können. Werden sie sagen können: »Frankfurt ist meine Heimatstadt«?

Meine ist es nicht geworden.

Was ist Migration?

Abdullah Eldelekli

Beim Thema Migration denkt man immer als Erstes an die Arbeitsmigration, die in den frühen 1960er Jahren begann und in deren Zuge unter anderem türkische Arbeiter nach Deutschland kamen. Dies hat seine Richtigkeit, denn dem Begriff nach handelt es sich dabei tatsächlich um eine Form der Migration. Doch man beachtet kaum, dass die Menschheitsgeschichte an sich eine Kette unzähliger Migrationsbewegungen ist.

Als Jäger und Sammler waren die ersten Menschen ständig auf der Suche nach Nahrung. So gesehen, befanden sie sich in einem Zustand kontinuierlicher Migration. Aber erst mit dem allmählichen Übergang zur Sesshaftigkeit und dem damit einhergehenden Fortschritt, also mit dem Eintritt in eine neue Zivilisationsform, wurde die Begriffsbildung, also die Benennung von »Migration«, überhaupt möglich. Denn »Migration« bezeichnet nichts anderes als den Vorgang des dauerhaften Ortswechsels einzelner Menschen oder Menschengruppen. Dieser Ortswechsel kann durch Naturereignisse, Kriege oder ökonomische Zwänge verursacht werden oder andere Ursachen haben. Auch Naturkatastrophen, etwa Überschwemmungen, Erdbeben oder Dürre, waren schon immer und sind bis heute häufig Anlass für die Abwanderung von Menschen von einem Ort, oft für ihre dauerhafte Umsiedlung in eine andere Gegend. Diese Wanderungen führten in der Welt mit der Zeit zu einer grundlegenden Veränderung gesellschaftlicher Strukturen. Die Flucht vor Naturkatastrophen zeigt, dass die Menschheit auf der ständigen Suche nach neuen Lebensräumen ist. Die große Völkerwanderung aus Mittel- und Ostasien ist nur eines von vielen geschichtlichen Beispielen.

Ein weiterer Anlass für Migration liegt im sozio-ökonomischen Bereich. Migration wird mittel- oder unmittelbar durch bestimmte Zwänge ausgelöst. Deshalb hat Migration immer auch ihre Schattenseiten. Eine der schlimmsten Schattenseiten war der Sklavenhandel in der Neuen Welt, der Menschen aus Afrika versklavte und verkaufte. Zwischen dem 16. und dem 19. Jahrhundert wurden 75 bis 90 Millionen junge Afrikaner gegen ihren Willen in die Neue Welt verschleppt. Eine weitere Ursache für Migration ist die Unterdrückung aufgrund der religiösen und/oder ethnischen Zugehörigkeit. Aber auch Krieg und Armut waren Gründe, dass zu Beginn des 20. Jahrhunderts hunderttausende Menschen aus den ländlichen Gebieten Europas nach Nordamerika auswanderten. Auch die Verbannung von Gefangenen in Strafkolonien ist eine Form der Migration. Italien und Spanien trugen durch Verbannung ebenfalls zu dieser Form der Migration bei. Die Internierung von Indianern in Reservaten, die Verbannung von Menschen nach Sibirien in Russland und die Flucht von 7–8 Millionen Menschen aus Nazi-Deutschland sind ebenfalls Formen einer erzwungenen Migration. Die Ausweisung von 70.000 Asiaten aus Uganda durch den Diktator Idi Amin im Jahre 1972 ist ein bekanntes jüngeres Beispiel.

Die Migrationsgeschichte der Türken auf dem Gebiet des heutigen Anatolien reicht bis ins 11. Jahrhundert zurück. Zu dieser Zeit verließen die ersten Turkvölker ihre Heimat in Mittelasien und zogen bis an die östlichen Grenzen der heutigen Türkei. Anlass waren damals die veränderten klimatischen Bedingungen. Daneben spielten zwei Faktoren im Migrationsprozess der Turkvölker eine große Rolle. Einer dieser Faktoren war der zunehmende Machtverlust des reichen Byzanz im Westen, der wichtigere Grund jedoch war das Erstarken der mongolischen Nachbarn in Zentralasien. Die Türken flohen vor der Armee Dschingis Khans nach Anatolien, wo sie eine neue Heimat fanden. In der Zeit, als die Türken in Zentralasien beheimatet waren, standen traditionelle Werte wie Kampfgeist und Ritterlichkeit hoch im Kurs. Die Turkvölker traten ihre lange Reise nach Westen an, um diese Ideale zu verwirklichen. Doch mit der Zeit trafen sie auf die erbarmungslose Horde der Mongolen unter der Führung Dschingis Khans und flüchteten nach Anatolien, um am Leben zu bleiben. Sie ließen sich in Ostanatolien nieder und gründeten erste, relativ kurzlebige Staaten. Damit begann damals im 11. Jahrhundert eine der größten Migrationsbewegungen. Die Ansiedlung der Türken in den eroberten Gebieten Anatoliens während der Expansionsphase des Osmanischen Reiches und die Rückkehr dieser Menschen während und nach der Niedergangsphase in die ursprünglichen ostanatolischen Gebiete stellen ebenfalls einen Migrationsprozess dar. Hinzu kamen dann im 19. Jahrhundert 1.7 Millionen Flüchtlinge aus Russland und von der Krim sowie 2 Millionen Menschen aus dem Balkan, die nach Anatolien ausgewandert waren.

Eine weitere Form der Migration in Anatolien ist die saisonale Binnenarbeitsmigration. Während der Haselnussernte nimmt das Schwarzmehrgebiet saisonale Arbeitsmigranten auf, die Gegend der Çukurova während der Reisernte und die Ägäis-Region während der Baumwollernte und zur Traubenlese.

Die Arbeitsmigration nach Deutschland während der 1960er Jahre ist eine neue Form der Migrationsbewegung. Als die Industrie den Arbeitskräftebedarf nicht mehr aus der einheimischen Bevölkerung decken konnte, zog sie aus anderen Gebieten Produktionskräfte heran. Dieser Prozess ist insofern »natürlich«, da dem kein unmittelbarer Zwang vorausging. Nichtsdestotrotz unterliegt auch dieser Form von Migration, wenn auch nicht auf den ersten Blick erkennbar, eine latente oder mittelbare Form von Zwang. Anders lässt es sich nicht erklären, warum Menschen den Ort, an dem sie ihr Leben in Ruhe führen können, verlassen, um an einem unbekannten Ort in der Fremde zu leben. Ich nenne das »den Wunsch nach Verbesserung der Lebenssituation« und den daraus resultierenden Drang zur Migration als mittelbaren Zwang.

Mit Migration verbunden ist auf die eine oder andere Weise Veränderung der gesamten Lebenssituation und -einstellung. Der Mensch wird von der Umgebung, in der er lebt, beeinflusst, und er verändert sich dementsprechend. Er entwickelt einen neuen Lebensstil und neue Moralvorstellungen, d.h., er erhält ein neues Bewusstsein, eine neue Identität. Migration ist also die Einladung zum Wechsel von einer bekannten, gewohnten Umgebung in eine neue, unbekannte. Sie bedeutet auch die Entstehung einer neuen Lebensweise. Das Leben eines Migranten beginnt also mit Ungewissheit und Schwierigkeiten.

Die Dynamik der Arbeitsmigration aus der Türkei nach Deutschland in den 1960er Jahren wurde von vielen Faktoren beeinflusst. Anfangs wurde sehr viel Propaganda betrieben, um Arbeiter anzuwerben. Ein soziologischer Faktor waren auch die märchenhaften Erzählungen über Deutschland. Es wurde erzählt, dass man in Deutschland das Geld von den Straßen kehren könne. Unsere Menschen waren sehr begabt im Zusammenkehren von Geld ... Die Motivation konnte sehr persönlich sein: Innerhalb von zwei Jahren würde man das Geld für das Stück Land am Bachufer zusammenkehren und es Köse Memed abkaufen. Mit dem Kauf würde man nicht nur Besitzer des Ackerlandes werden, sondern man könnte sich auf diese Weise an Köse Memed rächen, mit dem man seit Jahren im Streit lag.

In den Provinzstädten waren die Mieten sehr hoch. Manche dachten sich daher, das Einfachste wäre, nach Deutschland zu gehen, wo das Geld auf der Straße lag. In zwei Jahren könnte man das Geld für ein eigenes Haus zusammenkehren. Wieder in der Heimat, bräuchte man dann keine Miete mehr zu zahlen und könnte sein Leben in bescheidenem Wohlstand genießen.

Dann war da noch die Liebe, die so manchen Mann unter Druck setzte, zum Beispiel wenn der Vater der Auserwählten seine Tochter einem anderen zur Frau geben wollte. Um das zu verhindern, musste man das Geld für die Mitgift aufbringen. Die jungen Männer in den Kaffeehäusern erzählten einander von Deutschland. Man könnte also nach Deutschland gehen. Nach einem Jahr könnte man vor den Augen von Zelihas Vater die Geldscheine für die Mitgift auf den Tisch legen, das Mädchen am Arm packen und mitnehmen.

Aus solchen und ähnlichen Gründen machte man sich auf den Weg nach Deutschland. Das erste Jahr diente der Eingewöhnung. Man beherrschte ja schließlich nicht einmal die Sprache, um nach den Straßen mit dem vielen Geld zu fragen. Man musste geduldig sein und arbeiten. Aber dann gab es da noch die Sehnsucht, die Wünsche, die im Innersten verborgen waren. Immer, wenn man die Augen schloss, träumte man von seinen Nachbarn, den Kindern und der Liebsten.

Träume sind wie Kino: Pausbäckige Frauen wischen ihren Schweiß ab. Du kaufst Birnen für fünf Lira. Landsleute kommen aus der Heimat zu Besuch.

Das Leben ging weiter, und die Sehnsucht wurde immer unerträglicher. Wenn man nur einmal in die Heimat fahren könnte, um die Daheimgebliebenen sehen, dann würde es einem bestimmt besser gehen.

Dann machte man sich gespannt zum ersten Mal auf den Weg in die Heimat. Man wollte schnell dort ankommen und fuhr die ganze Nacht hindurch. Bestimmt würde man erwartet – voller Spannung. Wenn man erst einmal an der Grenze der Türkei, in Kapıkule, ankäme, würde man von den Beamten voller Sehnsucht umarmt werden. Bestimmt hätten sie einen schon vermisst.

In der Morgenröte erreichte man die Grenze, doch niemand wartete, niemand schaute einen auch nur an.

»Sie haben mich nicht erkannt«, dachte man. »Ich habe mich sicher sehr verändert.« Man stelle sich vor: Das Gegenüber nahm keine Notiz von einem. Im Gegenteil, es ermahnte den Heimkehrer und sprach mit herrischer Stimme: »Mach den Kofferraum auf ...«

Die Rinderweiden des Dorfes waren in der Ferne schon zu sehen. Hasan musste sich von seiner besten Seite zeigen mit seinem auf einem Schrottplatz ergatterten Auto. Aber er fand sich genau in der Grube vor der Ortseinfahrt wieder, die vor dem Verlassen der Heimat schon da gewesen war. Als man seinen Wagen aus der Grube zog, hörte er eine Stimme, die sagte: »Irgendwas geschieht mit den Deutschländern, wenn sie in diese Autos steigen.« Etwas hatte sich verändert. Er spürte es tief in seinem Inneren. Es schmerzte ihn. Hasan war nun in der Türkei ein *Deutschländer*, und in Deutschland ein *Ausländer*.

Seitdem sind 50 Jahre vergangen. Die anfangs geplanten zwei Jahre zogen sich in die Länge. Mit seinen Kindern und Enkelkindern ist er zum *neuen Einheimischen* geworden. Die Rückkehr in das Land seiner Herkunft hieße für ihn, erneut zu emigrieren.

In den vergangenen 50 Jahren hat sich mit den neuen Erinnerungen, den neuen Moralvorstellungen und einer neuen Lebensweise eine andere Identität herausgebildet. Würde man heute von diesem Einwanderer verlangen, zurückzukehren, hieße dies, 50 Jahre seines Lebens zu löschen. Und dies ist eine Bürde, die kein Mensch zu tragen vermag.

Aus dem Türkischen von Hilmi Tozan

Türkischsprachige Intellektuelle in Frankfurt

Osman Çutsay

Seit dem »Frankfurter Reisebericht« des berühmten türkischen Dichters Ahmet Haşim aus dem Jahr 1933 ist Frankfurt ein fester Begriff in der türkischen Sprache, insbesondere in der türkischen Literatur. Anders ausgedrückt: Dank Ahmet Haşim ist Frankfurt für die Türken seit langem etwas, das sie kennen, und ist im Bewusstsein der türkischen Intellektuellen fest verankert (1). Im Gegensatz dazu waren zur gleichen Zeit die Türken und Türkisch für die Deutschen etwas völlig Fremdes. Die Frankfurter kannten keine Türken, hatten keine auf den Straßen ihrer Stadt gesehen.

Doch die Geschichte wartet manchmal mit merkwürdigen Überraschungen auf: 35 Jahre nach der Veröffentlichung von Haşims »Frankfurter Reisebericht« wurden die Türken und die türkische Sprache zu einem wichtigen Bestandteil dieser Stadt. Die Frankfurter begegneten ihnen nun in ihrer unmittelbaren Nachbarschaft bzw. auf ihren Straßen.

Wie erging es den Türken, die nach Frankfurt kamen? Was taten sie, was tun sie hier? Was für ein Leben richteten sie sich in Deutschland ein?

Auch wenn es noch immer keine ausreichenden und aufschlussreichen Untersuchungen zu diesem Thema gibt, können wir auf einige Recherchen – zum Teil auch auf unveröffentlichte – zurückgreifen, die den interessierten Leser informieren. Allein die demographischen Angaben über die Türkeistämmigen in Deutschland bieten ein beachtliches Datenkonvolut, das man für vorsichtige Schlussfolgerungen heranziehen kann.

Mich interessieren an dieser Stelle in erster Linie folgende Fragen: Welche Leistungen haben türkische Intellektuelle der ersten und der zweiten Generation in Deutschland erbracht, wie haben sie gelebt und was der Nachwelt hinterlassen?

Mir scheint, auf diese Fragen gibt es kaum befriedigende Antworten, denn unser Wissen darüber ist einfach zu begrenzt. Bleibt also die Frage: Wie leben sie heute und was tun sie? Auch darüber haben wir so gut wie keine Informationen.

Der Grund für diese eklatante Wissenslücke ist, dass keine Untersuchungen darüber durchgeführt wurden und werden! Hier treffen zwei Phänomene zusammen: Die deutsche Seite interessiert sich offensichtlich nicht im Geringsten dafür, und die Türken sind offenbar ebenfalls weitgehend passiv. Dieses hochgradige Desinteresse ist sowohl für die Mehrheitsgesellschaft als auch für die betroffene Minderheit charakteristisch, obwohl diese Frage vor zwei, drei Jahrzehnten im Mittelpunkt gesellschaftlicher Diskussionen stand. Mit anderen Worten: Kein einziger Aspekt der Eigenarten und der geistig-kulturellen Aktivitäten bzw. der Mitwirkung und der Beiträge von Intellektuellen aus der Türkei am Geistesleben z. B. der Stadt Frankfurt wurde jemals für untersuchenswert gehalten. Dabei wurde eine der wichtigsten Institutionen außerhalb der Türkei, das Türkische Volkshaus, 1965 in Frankfurt gegründet und war eine sehr bedeutende Bildungseinrichtung. Diese Initiative muss als Ausdruck von Volksnähe und als Verpflichtung der türkischen Linken gesehen werden, sich gesellschaftlich zu engagieren. Die Idee des Volkshauses war in der Türkei der Aufklärung verpflichtet und hatte zum Ziel, ein europäisches Gesellschaftsmodell zu verwirklichen – wenn man so will, handelte es sich um einen »Re-Import« einer ehemals europäischen Idee nach Europa. Dies ist eine unumstößliche Tatsache.

Wichtiger noch erscheint heute die Frage, wie sich türkische Intellektuelle in dieser multikulturellen, internationalen Stadt fühlten und fühlen. Wo haben sie sich in dieser Gesellschaft selbst verortet? Mit anderen Worten: Welche Beziehungen konnten diese Intellektuellen und deren Nachkommen, die vornehmlich als Lohnabhängige ihren Lebensunterhalt verdienten, zu den deutschen Intellektuellen aufbauen?

Diese Frage hat die wissenschaftliche Forschung bisher offenbar kaum beschäftigt. Dennoch kann eine These in den Raum gestellt werden und im Licht des oben aufgeworfenen Fragenkomplexes können vorläufige Antworten gewagt werden: Die aus der Türkei stammenden Migranten wurden sofort aktiv. Was sie schaffen wollten, war nicht der Prototyp des »Arbeiters«, sondern der des »Intellektuellen«. Die Rede ist hier von einer Teilgesellschaft, deren Mitglieder, einschließlich der Kurden, das Türkische als Erstsprache benutzten, und die sich in Europa niedergelassen haben. Sie begaben sich auf eine intellektuelle Suche nach ihrer eigenen Identität als Intellektuelle. Ihnen standen in der Gastgesellschaft keine Vorbilder zur Verfügung, sie mussten sie neu erschaffen.

Diese intellektuelle Suche ist von großer Bedeutung, denn sie macht eine erste Typologisierung möglich. Sie führt uns aber leider auch vor Augen, dass von der Initiative aus dem Jahr 1965 in den vergangenen 42 Jahren kaum etwas übrig geblieben ist. Man könnte das auch so formulieren: Die türkischsprachigen Migranten waren vor vier Jahrzehnten selbstbewusster und tatkräftiger als die nachfolgenden Generationen. Sie waren produktiver und entschlossener. Welche Erklärung gibt es dafür? Ist es ein Symptom der Globalisierung?

Natürlich erlebte Europa vor vier Jahrzehnten den Höhepunkt einer linken Bewegung – die Türkei war davon nicht ausgenommen. Der letzte und wichtigste Akt der türkischen Aufklärung, die militärische Machtübernahme vom 27. Mai 1960 (2), war kurze Zeit vorher über die Bühne gegangen. Die Ergebnisse eines linken, fortschrittlichen Militärputsches waren noch zu spüren, die Menschen in der Türkei – gleich welcher Muttersprache – orientierten sich überwiegend nach links. Die türkische Gesellschaft erlebte einen Aufschwung.

Doch an diesem Punkt gibt es einen Widerspruch – einen Widerspruch, den wir akzeptieren müssen.

Die erste Generation der Migranten aus der Türkei hatte eine bessere Ausbildung, und sie hatte eine recht positive Einstellung zu Deutschland. Diese Menschen waren begeistert von der Technologie und der Strebsamkeit der Deutschen. Sie verfügten aber auch über Selbstvertrauen. Die Gründe dafür liegen nicht nur in der fortschrittlichen Jugendbewegung in der Türkei. Die Errungenschaften des Kemalismus, die in Europa auf vielfache Ablehnung stießen, sind nicht wegdiskutierbar. Das daraus resultierende Selbstvertrauen war lange Zeit unübersehbar.

Die ersten Arbeitsemigranten wollten etwas Geld verdienen und dann in ihre Heimat zurückkehren. Die Türkei war ihnen wichtig. Aber die Jahre brachten ihnen eine Niederlage, die sie bis heute belastet. Die militärische Intervention vom 12. März 1971 in die Politik und der faschistische Militärputsch vom 12. September 1980 hatten das politische Bewusstsein und die demokratischen Bestrebungen, die trotz der wirtschaftlichen Schwächen und der gesellschaftlichen Defizite von der Bevölkerung angestrebt wurden, zunichte gemacht und die Türkei von ihrem fortschrittlichen Kurs abgebracht. Dieser Putsch verursachte auch bei den in Frankfurt lebenden türkischsprachigen Migranten ein tiefes Gefühl der Minderwertigkeit. Innerhalb von 15–20 Jahren gaben sie ihre politischen Überzeugungen auf und verinnerlichten die eigene »Wertlosigkeit« oder zumindest die Rolle, »Menschen zweiter Klasse« zu sein. Sie verloren ihren Elan. Dieses Minderwertigkeitsgefühl hatte vor 1980 nicht in diesem Ausmaß existiert.

Die Tragik hat aber eine weitere Dimension. Was die militärischen Interventionen von 1971 und 1980 eigentlich vernichtet hatten, war die Vision von einer modernen türkischen Gesellschaft, und dieser Verlust hat sich auch auf die türkischsprachige Bevölkerung in Frankfurt ausgewirkt. Die wirtschaftliche und politische Überlegenheit Deutschlands trug grundlegend dazu bei, dass sich die türkischsprachige Bevölkerung immer mehr ins Privatleben zurückzog und Zuflucht in einer nationalistischen oder religiösen Abschottung suchte. Ein nach 1980 in der Türkei aufstrebender Menschentyp verbreitete sich auch in Deutschland. Diesem neuen Menschentyp fehlte die Überzeugung, am intellektuellen Leben teilnehmen zu können. Die rückständigen Kräfte der Türkei hatten damit einen weiteren Sieg errungen. Wie man sehr deutlich sehen kann, hat sich das intellektuelle Leben der Türken auf ein Minimum reduziert und beschränkt sich auf die »eigenen Kreise«. Die Konsequenzen dieser Entwicklung sehen wir heute im vollen Umfang.

Was will ich damit sagen? Innerhalb von vier Jahrzehnten haben sich in Deutschland zwei völlig unterschiedliche Weltanschauungen der Türken herausgebildet. Dieser Hinweis ist unerlässlich.

In den 1960er Jahren gab es kritische und selbstbewusste Menschen, deren Einfluss bis 1980 reichte. Sie waren überzeugt, auch den Deutschen etwas beibringen zu können. Sie wollten hier Geld verdienen, sozusagen auf einen grünen Zweig kommen, und dann in ihre Heimat zurückkehren, weil sie davon überzeugt waren, in ihrer Heimat an einem wichtigen Erneuerungsprozess teilnehmen zu können. Sie waren Gäste, waren der deutschen Gesellschaft wohlgesinnt, und sie wollten teilen, denn sie waren weltoffen (3).

Die Putsche haben also nicht nur die Menschen in der Türkei, sondern auch die Türken und Kurden in Deutschland aus der Bahn geworfen und verändert. Wir müssen diese Entwicklung in unsere Betrachtungen einbeziehen. Zudem waren diese Auswirkungen kein Zufall, sondern von langer Hand geplant. Die Bonner Regierung – ja, die SPD-Regierung! – hat bei dem Putsch von 1980 eine wichtige Rolle gespielt. Der damalige Bundeskanzler Helmut Schmidt wurde 1980 in einem Artikel der Oktober-Ausgabe der Zeitschrift *Capital* zitiert, dass die Türkei vor dem 12. September 1980 »ein Fass ohne Boden« gewesen sei (4). Das muss ich aus heutiger Sicht als Zustimmung zum Militärputsch interpretieren. Im Übrigen berichtete auch der damalige türkische Botschafter in Bonn und spätere Außenminister unter Turgut Özal, Vahit Halefoğlu, dass alle Fraktionen des Bundestages das türkische Militär offen oder durch Andeutungen »zur Pflicht riefen« (5).

An dieser Stelle geht es mir nicht um wirtschaftliche und politische Dimensionen, die Rede ist hier von einem neuen Menschentyp. Die Migranten aus der Türkei waren nach 1980 dazu verdammt, ihre politischen Positionen, letztlich ihr intellektuelles Potential aufzugeben. Frankfurt ist nur einer der vielen Schauplätze dieser Tragödie.

Was für uns an dieser Stelle von Interesse ist: Warum gaben die Türken und Kurden – diejenigen, die sich für Intellektuelle hielten – so schnell auf? Worauf ich hinauswill, ist Folgendes: Diese Neubürger in Deutschland, konkret auch in Frankfurt, konnten im Verlauf der Migration ihr Selbstbewusstsein nicht ausreichend zum Ausdruck bringen. Als ihnen dann nach 1980 von vielen Seiten offen oder versteckt signalisiert wurde, dass sie in diesem Land und in dieser Stadt unerwünscht seien, wurde ihnen schmerzlich bewusst, dass sie dennoch hier würden leben müssen. Mit dem Verlust des Selbstvertrauens, das in den 60er und 70er Jahren noch vorhanden gewesen war, gingen alle Aussichten und Hoffnungen, Intellektuelle zu sein, verloren.

Verallgemeinert heißt das, dass die türkischen Migranten dieselben Schuldgefühle und Minderwertigkeitskomplexe verinnerlichten, wie sie für deutsche Intellektuelle und das deutsche Volk typisch waren. Sie stellten fest, dass sie verallgemeinert den Deutschen glichen, die sie vormals so bewundert hatten, deren Fehler sie nun aber immer mehr erkannten. Deutsche und Türken waren von nun an in einem gemeinsamen Schuldgefühl gefangen. Den Türken nahm das den letzten Halt.

Der türkische Historiker Prof. Dr. İlber Ortaylı, der sich mit der deutschen Sprache bestens auskennt, daneben mit den deutsch-türkischen Beziehungen vertraut und Direktor des Topkapi-Museums ist, schreibt in einem seiner letzten Bücher Folgendes über diesen Komplex: »Die Vorsitzende des Vereins für Freiheit und Menschenwürde in Frankfurt, Ursula Seuß-Hess, spricht von einem Minderwertigkeitsgefühl deutscher Intellektueller. Dieser Minderwertigkeitskomplex und dieses Schuldbewusstsein sind von außen auch deutlich erkennbar. Wichtig aber ist, dass die Mitglieder dieser Gesellschaft sich dessen bewusst sind. Es ist eine deutsche Gewohnheit, alles zu beobachten und umgehend zu definieren. Das ist eine Stärke der deutschen Kultur. Leider führt diese Gewohnheit auf politischer Ebene dazu, dass historische Ereignisse immer wieder neu betrachtet und umgedeutet, ja sogar verfälscht werden, und sie führt auch zu einer Suche nach neuen Schuldigen. Dieses Phänomen erklärt den Versuch deutscher Intellektueller, Mittäter des eigenen Völkermordes zu suchen. Mir scheint, dass das ein wichtiger Punkt ist, der Deutsche und Türken entzweit.« (6) Man könnte diesen Gedanken auch folgendermaßen zu Ende führen: Heute leidet die Bevölkerung in der Türkei und die türkischstämmige Bevölkerung in Deutschland an einem tiefen Minderwertigkeitskomplex. Eigentlich gibt es für diese Befindlichkeit nicht den geringsten Grund. Aber das Kurdenproblem und die jüngsten Bewertungen bzw. die »Umwertung« der vor 92 Jahren erfolgten Vertreibung der armenischen Bevölkerung auf osmanischem Gebiet belastet die türkischen Intellektuellen im Umgang mit den Deutschen. Dieser Umstand hat beide Gruppen geradezu aneinandergekettet: Auch wir brauchen eine Schuld! Eine Schuld, die – wenn wir sie auf uns nehmen, besser noch »sie zugeben« – unsere europäische Zugehörigkeit per se unter Beweis stellt! (7)

Die Folgen dieses Angleichungsprozesses türkischer Intellektueller an deutsche Intellektuelle wirkten nicht fördernd, sondern hemmend.

Der intellektuelle Nachwuchs aus der Türkei hatte nicht die Möglichkeit, einen Beitrag zur deutschen Kultur zu leisten, der diese weiterentwickeln und in Staunen hätte versetzen können; diese lähmende Passivität spiegelt sich im Volk als religiös-nationalistische Abkapselung wider. Um zu verstehen, was damit gemeint ist, genügt ein Blick auf die heutigen Intellektuellen mit türkischer Muttersprache in Frankfurt: Sie sind introvertiert, von der Ideologie des aufklärenden Modernismus meilenweit entfernt und nicht im Ansatz rebellisch. Sie begnügen sich mit dem Konsumieren jener Massenware, die der Kapitalismus ihnen auftischt, und halten das überdies für »Demokratie«. Deshalb ist es kein Wunder, dass diese Menschen das Interesse der deutschen Intellektuellen nicht auf sich ziehen können.

Oder kennen Sie einen türkischen Schriftsteller oder Künstler in Frankfurt, der unsere Aufmerksamkeit verdiente? Einen, der eine geballte Ladung Wut hat und den Mut aufbringt, auf Widersprüche hinzuweisen, eine große Debatte auszulösen? Es gibt keinen – weder in Deutschland noch in anderen westeuropäischen Staaten, in denen Menschen aus der Türkei leben.

Dabei hatte eine der großen Figuren der türkischen Literatur, Ahmet Hamdi Tanpınar, in einem seiner Essays, die er in Paris verfasste, folgende Erkenntnis über seine türkischen Vorgänger formuliert: »Sie verstanden es, aus den Ländern, in denen sie waren, etwas mitzubringen.« Tanpınar porträtierte mit diesem Satz die osmanischen Intellektuellen im Paris des 19. Jahrhunderts. Und seine Definition hilft uns beim Verstehen des Wesens eines wirklichen Intellektuellen. (8)

Tanpınars Analyse bezog sich auf eine Zeit vor 170 Jahren, doch heute hätte Frankfurt als eine europäische Stadt etwas anderes verdient: Türkische Intellektuelle hätten einiges von ihren kulturellen Wurzeln in die Kultur dieser Stadt einbringen und die deutsche Sprache bereichern können. Die türkischen Intellektuellen hätten sich entschlossener und ohne Angst vor intellektuellen

Kämpfen auf die Suche nach intellektuellen Debatten begeben müssen. Es hätte Menschen gebraucht, die, ohne allzu großen Respekt vor dem europäischen »Modell«, sich auf die Suche nach dem Neuen und Richtigen gemacht hätten, Menschen, die, sich auf ihre Wurzeln besinnend, dem deutschen intellektuellen Leben ihre Note aufgezwungen und sich behauptet hätten. Trotz aller Widerstände und Widrigkeiten …

Die 60er und die 70er Jahre geben uns wichtige Hinweise, um zu verstehen, was geschehen ist. Am Anfang meines Artikels habe ich diese Hinweise erwähnt. Angesichts der Entwicklungen kann man sehr wohl behaupten, dass die Bestrebungen der ersten Generation nicht nur die offizielle Politik Deutschlands, sondern auch die angeblich freie deutsche Kulturindustrie störten, ja, für diese sogar bedrohlich waren. So gesehen, markiert der Putsch von 1980 eine Zäsur, die die Intellektuellen aus der Türkei strangulierte.

Vor etwa drei Jahrzehnten wurde die Bedeutung des Türkischen und das Leben der Menschen aus der Türkei in eine andere Richtung gezwungen. Frankfurt und die türkischsprachigen Intellektuellen in dieser Stadt sind passive Akteure einer Tragödie.

Aus dem Türkischen von Hilmi Tozan

Anmerkungen:

(1) Dies ist ein wichtiges Beispiel für das Desinteresse der Deutschen. Ahmet Haşim ist neben Yahya Kemal und Nâzım Hikmet einer der drei Begründer der modernen türkischen Dichtung. Haşim hielt sich am Vorabend der Machtübernahme der Nazis wegen eines Nierenleidens in Frankfurt auf. Er veröffentlichte seine Eindrücke über die Stadt in einer Artikelserie. Die deutsche Literaturszene ignorierte diese Deutschlandeindrücke, aber auch den Dichter, den Schriftsteller als einen erfolgreichen Intellektuellen. Die Deutschen waren schlicht und einfach desinteressiert. Diese unglaubliche Lücke wird nach 70 Jahren endlich geschlossen, und der »Frankfurter Reisebericht« erscheinen 2008 in einem kleinen Frankfurter Verlag.

(2) 1960 entmachtete das türkische Militär mit einem Putsch den Ministerpräsidenten Adnan Menderes und ermöglichte so die Etablierung einer wahrhaft fortschrittlichen Verfassung. Damit wurde sie auch zum Wegbereiter eines Fortschrittsglaubens, der bis 1980 andauern sollte. Dieser erste Putsch war kein Putsch der Generäle. Die Offiziere der unteren Dienstgrade, die für den Putsch verantwortlich waren, hatten keinen Sozialismus im Sinn. Sie glaubten an die kemalistische Idee des Fortschritts und wollten mit konkreten Schritten zu einer »zeitgemäßen Gesellschaft« gelangen. In mancher Hinsicht glichen sie Hugo Chavez. Das Militär wurde jedoch sehr schnell domestiziert. 1971 folgte dann ein faschistoider Quasiputsch der Generäle. Schließlich kam es 1980 zu einem offenen faschistischen Putsch. Die Putsche von 1971 und 1980 hatten zum Ziel, die gesellschaftlich-demokratischen Errungenschaften vom 27. Mai 1960 umzukehren: Nachdenkliche, kritische und einer fortschrittlichen Gesellschaft verpflichtete Menschen sollten durch »eine Masse von konsumierenden Individuen« ersetzt werden. Die Türkei wurde nach 1980 zu einer Zuchtfarm eines skrupellosen Neoliberalismus. Wie diese Änderungen sich auf unsere Menschen in Frankfurt auswirkten, wurde bisher nicht untersucht.

(3) Ich möchte ein Gespräch aus den früheren Jahren meiner Literaturtätigkeit wiedergeben. Der Vater des in Deutschland bekannten Politikers Ozan Ceyhun, Demirtaş Ceyhun, gab eine Literaturzeitschrift mit dem Titel »Edebiyat Cephesi« (Literaturfront) heraus. Ich schrieb für diese Zeitschrift und leitete gleichzeitig das Büro in Ankara. Als ich eines Tages das Istanbuler Büro der Zeitschrift besuchte, begegnete ich dort dem Schriftsteller Bekir Yıldız. Er war gerade dabei, etwas zu erzählen. Bekir Yıldız war ein sehr guter Autor von Kurzgeschichten. Ich glaube, er hat in den 1960er Jahren in einer Druckerei in der Nähe von Frankfurt als Setzer gearbeitet. Er erzählte von einem Vorfall, den er gehört hatte: In einer Fabrik eskalierte der Streit zwischen einem Türken und einem deutschen Meister, so dass der Vorfall bis zur Führungsetage drang. Der türkische Arbeiter war sehr wütend über den Meister und beleidigte ihn.

Er konnte sich nicht beruhigen und beleidigte auch noch die Mutter des Meisters. Den Meister kümmerte das nicht. Er antwortete ungefähr mit den Worten: »Es interessiert mich nicht, was du mit meiner Mutter machst. Mach, was du willst.« Nach diesen Worten wurde der Türke noch ungehaltener und verprügelte den Meister. Später erklärte er sein Verhalten mit den Worten: »Als ich ihm sagte, ich würde seine Mutter ›flachlegen‹, sagte er, ›mach, was du willst‹. Danach habe ich ihm eine mit der Faust verpasst und ihn mit den Schlägen zu einem Menschen gemacht.«

(4) In: »Goldenes Füllhorn«, Capital Nr. 10 (Oktober 1980), S. 331.

(5) Dieses Thema habe ich in meiner Diplomarbeit im Fachbereich Gesellschaftswissenschaften unter dem Titel »Die deutsche Sozialdemokratie und der Militärputsch in der Türkei 1980« behandelt. Teile dieser Arbeit habe ich im Rahmen einer Artikelserie zum 20. Jahrestag des Putsches im Jahr 2000 in der Zeitung Cumhuriyet (Republik) veröffentlicht. Die Entwicklungen und meine Recherchen in den Jahren danach haben meine »mutige« These, dass der Militärputsch ein von Deutschland unterstütztes, sozialdemokratisches Projekt war, nur bestätigt. Die größte Rolle beim Unglück, das für die Türkei den Anfang vom Ende bedeutete (Militärputsch von 1980), spielte nicht Washington, sondern Bonn unter der Führung von Schmidt und Genscher. Ich werde diese Untersuchung in den kommenden Jahren auch auf Deutsch veröffentlichen.

(6) İlber Ortaylı, Eski Dünya Seyahatnamesi (Reisebericht aus der alten Welt), Verlag Aşina Kitaplar, Ankara 2007, S. 175.

(7) Dieser Prozess weist Parallelen zu den Schuldeingeständnissen in den Kerkern des 12. September 1980 auf, die den Linken unter Folter abgepresst wurden: Die imperialen Kräfte, vor allem die europäischen Großmächte, die in der Moderne für viele Verbrechen an der Menschheit verantwortlich sind, wurden freigesprochen. Die damals zersplitterte und verblutende, als »Freiwild« betrachtete Türkei und das türkische Volk wurden nachträglich mit einem unvergleichbaren Mord (Genozid) stigmatisiert. Es ist unvermeidlich, dass ich das alles als eine Inszenierung betrachte, deren Leidtragende das armenische, das kurdische und das türkische Volk sind. Die wichtigste Frage aber ist: Warum zieht der Westen nicht die Archive der Sowjetunion und der Armenisch-Sozialistischen Republik heran, warum ignoriert er sie?

(8) Ahmet Hamdi Tanpınar, Seçmeler (Ausgewählte Schriften), Hrsg.: Enis Batur, Verlag YKY, Istanbul 1992, S. 55.

Der einsame Wittgenstein

Şükran Yiğit

> Bei einer Stadt erfreust du dich nicht der sieben oder siebzig Wunder, sondern der Antwort, die sie dir auf eine Frage gibt.
> *Italo Calvino, Unsichtbare Städte*

Es war ein herrlicher Junitag, als ich in Frankfurt aus dem Zug stieg, in meiner Hand Boris Vians »Der Schaum der Tage«. Noch war meine Gewohnheit, unbekannte Städte mit einem vertrauten Buch in der Hand zu betreten, das mir Geborgenheit gab, ziemlich neu.

Zweifellos ist es der glücklichste Fall, wenn man als Fremder die Bekanntschaft mit einer Stadt am Bahnhof beginnen kann. Bahnhöfe sind nicht so ausdruckslos und unpersönlich wie Flughäfen, man fühlt sich weniger anonym. Fährt man dagegen mit dem Auto in eine Stadt, spürt man eine unnötige Erregung. Mit dem Zug aber fährt man an einem Ende leise hinein, passiert einsame, öde, vergessene Vorstadtbahnhöfe und nähert sich langsam dem Herzen der Stadt. Der Zug wird langsamer, immer langsamer, bleibt schließlich stehen. Jetzt trennt einen nur noch eine Tür von dieser Stadt. Vielleicht tritt man am besten beiseite und überlässt das Öffnen der Tür jemandem, der damit Erfahrung hat. Dann ... steigt man, etwas unsicher, aus dem Zug und – ist in der Stadt.

Wenn man in einer Kleinstadt aus dem Zug steigt oder in einen einsteigt, erkennt man unschwer, wer nach Hause unterwegs ist und wer sein Heim gerade verlassen hat.

Fremde steigen aus dem Zug und bleiben für einen kurzen Augenblick stehen, und wenn niemand auf sie wartet, gehen sie, Entschlossenheit vortäuschend, eiligen Schrittes davon. Die Einheimischen sind meist in der glücklichen Lage, erwartet zu werden. Manchmal leuchtet in ihren Augen, und sei es nur für einen winzigen Moment, die Freude auf, das Bekannte wieder in Besitz zu nehmen, heimgekehrt zu sein. Manchen lastet die Hoffnungslosigkeit und die beklemmende Verzagtheit, in der Enge einer Kleinstadt gefangen zu sein, auf den Schultern, wenn sie schweren Schrittes ihres Weges gehen. Am schlimmsten ist wohl, nach Jahren wieder zurückzukehren, aus dem Zug zu steigen und sich mit dem Gefühl der Verlassenheit auf einem öden Bahnhof wiederzufinden, ohne die geliebten Menschen, die Erinnerungen an die zurückgelassene Kindheit und Jugend, ohne all diejenigen, die einen verabschiedet hatten.

Als ich vor elf Jahren an jenem Junimorgen auf dem Frankfurter Bahnhof aus dem Zug stieg, ergriff mich Traurigkeit. Sie war sicher nicht von der Art, wie man sie als einsamer Heimkehrer empfinden würde, eine Einsamkeit, die nicht in Worte zu fassen und erdrückend ist. Ich wusste aber, dass ich die Stadt meiner Kindheit, Ankara, und die meiner Jugend, Istanbul, hinter mir gelassen hatte, und damit die von mir geliebten Menschen, meine Freunde und die Sprache, in der ich aufgewachsen war. Ich steckte mein Buch in die Handtasche, nahm meinen kleinen Koffer, lief etwas unsicher hinter der Menschenmenge – vielleicht hinter dem Leben – her, auf die fremde Stadt zu. In der Menge fühlte ich mich genauso einsam wie der 1932 am gleichen Bahnhof in der Stadt eingetroffene Dichter Ahmet Haşim aus Istanbul, der seine Ankunft mit den Worten schilderte: »Die gefällige, luftige Schönheit des Bahnhofgebäudes aus Stahl, Glas und Marmor hätten nur die Gedichte des belgischen Dichters Verhaeren angemessen beschreiben können.«

Der Frankfurter Hauptbahnhof war vor elf Jahren genauso belebt wie heute. Aber er strahlte nicht so wie heute. Ich betrat das erste Café und bestellte mir eine Tasse Kaffee. Ich setzte mich an einen Tisch am Fenster und betrachtete die Vorübergehenden und versuchte, sie anhand ihres Gesichtsausdrucks und ihrer Blicke, anhand ihres Ganges und ihrer Taschen zu enträtseln. Ich unterdrückte aufkommende Sehnsüchte auf ganz andere Lebensaussichten, die die verführerischen Ansagen abfahrender Züge nach Amsterdam, Berlin oder München in mir heraufzubeschwören drohten, und trank meinen Kaffee. In diesem Moment begann ein Lied zu spielen, das ich vor Jahren in Ankara bei sengender Sommerhitze zum ersten Mal gehört hatte »Words don't come easy to me«. Ein pickliger junger Mann näherte sich mir aus der Menschenmenge hinter dem Fenster mit einer Rose in der Hand, und ich flüchtete in das Spiel, das ich als Kind immer so gern gespielt hatte: »Diesen Augenblick wirst du nie wieder erleben, dieser Augenblick ist einmalig, unwiederbringlich. Versuche alles in deinem Gedächtnis zu behalten und vergiss diesen Moment nie!« Und ich vergaß ihn nie.

Calvino spricht in *Unsichtbare Städte* von Städten der Sehnsucht und Städten der Erinnerung. Die merkwürdige

Anziehungskraft dieser Texte überlagert die Schönheit der Städte, vielleicht weil Calvino sie so wunderbar beschreibt. Manchmal erkennt man sich selbst in einem Satz, manchmal glaubt man, in einer jener Städte zu leben, aber dieses Gefühl ist vergänglich wie eine Seifenblase und entgleitet einem ebenso rasch wie die unsichtbaren Städte Calvinos. Dieser Satz blieb: »Die Stimmung dessen, der sie ansieht, ist es, die der Stadt Zemrude ihre Gestalt gibt.«

Könnte Frankfurt für mich zur Stadt Zemrude werden? Würde ich eines Tages das Gleiche sagen, wie ich es an einem Sommertag in Ankara gesagt hatte, als die Menschen vor der Hitze in die Umgebung geflüchtet waren und ich in einem Café im Zentrum saß, von dort auf die entvölkerte Stadt blickte und mit Tschechows altem Firs sagte: »Sie sind gegangen und haben mich hier zurückgelassen«? Würde ich eines Tages in dieser Stadt Erinnerungen haben? Würde sie in mir Sehnsüchte wecken? Könnte ich mir vorstellen, hier zu sterben? Würde ich hier eines Tages Freunde haben, an deren Tür ich um Mitternacht ohne Vorankündigung und unerwartet klopfen könnte? Würde ich an einem Abend im Herbst in einem Teegarten sitzen, als hätte ich schon immer dort gesessen, ohne an die Vergangenheit oder die Zukunft zu denken, und den vorbeifahrenden Schiffen nachschauen? Könnte ich in dieser Stadt plötzlich einem sehr geliebten Menschen begegnen, der an völlig unerwarteter Stelle vor mir auftauchen würde?

Oder …?

Der Mensch hat nicht nur ein Leben.
Er hat viele Leben, eins am anderen, und das
Ist die Ursache seines Unglücks.
Chateaubriand

In einem neuen Land, in einer neuen Stadt, hat man das Gefühl, das Leben wäre zweigeteilt. Und man selbst allein derjenige, der diese zwei Teile, diese zwei Städte, diese zwei Leben miteinander verbindet. Zuerst versucht man, das Neue aus dem Alten zu erklären. Als ich nach meiner Ankunft die ersten Tage in einem Hotel am Westbahnhof wohnte, saß ich abends müde von der Arbeit auf dem Balkon und spürte in meiner Nase den Geruch von Ankara. Der Duft der Ölweiden meiner Kindheit vermischte sich mit dem Duft der Fliederbüsche – ich spürte ihn intensiv. In der Stille und Ödnis der Frankfurter Straßen begegnete ich Ankara und dem Duft illusorischer Ölweiden. Ankara, die Stadt mitten in der Steppe, schien mit seinen Regierungsgebäuden, seinen breiten Alleen, seiner Ernsthaftigkeit und Farblosigkeit, seinen höchstens zwei Stockwerke hohen Häusern durch diesen Duft in den stillen engen Straßen von Frankfurt lebendig geworden zu sein.

Vor Frankfurt hatte es in meinem Leben zwei wichtige Städte gegeben: Istanbul und Ankara. Istanbul war die Stadt der Straßen, Ankara die Stadt der Häuser. Istanbul war die Stadt der Schönheit und des Pomps, Ankara die Stadt der Schlichtheit und Bescheidenheit. Istanbul war die Stadt einer undefinierbaren Melancholie, die einen unerwartet befiel, Ankara dagegen die Stadt der Ruhe.

In Istanbul begegnete man auf den Straßen dem Leben, es überwältigte einen, in Ankara lebte man in der Privatheit der eigenen vier Wände. In Istanbul war der Mondaufgang ein sehnsüchtig erwartetes Fest am Bosporus, in Ankara stand man am Fenster und der Mond tauchte plötzlich auf. Istanbul war Led Zeppelin; Ankara Jethro Tull. Istanbul war Polanski, Ankara Godard. Istanbul war die Stadt der Liebe, Ankara die der Freundschaften. Während ich nun in meinem Hotel am Westbahnhof der intensiven Stille lauschte, die bis in die kleinsten Zellen drang, wurde ich weniger an Istanbul erinnert, wo ich meine letzten Jahre verbracht hatte, als vielmehr an Ankara, die Stadt meiner Kindheit.

Wenig später erfüllte die Stille des Westends mein Zimmer, und der Wind trug den Duft der Lindenblüten zu mir herein. Da verstand ich, dass ich nun in einer neuen Stadt lebte, auch wenn in mir noch andere Städte lebendig waren. Ich war in eine Stadt gekommen, die mich zwar an Ankara erinnerte, die aber dennoch sie selbst war.

Und jener Duft der Lindenblüten ließ mich auch begreifen, was man versucht hatte, mir zu verstehen zu geben: Das Frankfurt, das ich eines Tages vermissen würde, wird nicht die Stadt der Wolkenkratzer sein, die wie ein vergänglicher Entwurf in der Stadtmitte in den Himmel ragten, es würden nicht die eintönigen Geschäfte auf der Zeil sein, dieses Mekka des modernen Menschen, dessen Sein im Kaufrausch verglüht, auch nicht der Römer, der schmerzlich an die Unumkehrbarkeit der Zeit und der Geschichte erinnert. Es würde auch nicht das glänzende

Frankfurt sein, in dem das Denken und denken lassen nicht als Dienstleistung gilt, und es würde auch nicht die Stadt derjenigen sein, die am besten kochen, einen zum Lachen bringen, einen manipulieren oder sich manipulieren lassen und deshalb als »Gewinner« gelten. Sondern eine andere Stadt, eine Stadt von eigentümlicher Stille, die leises Leben sorgsam beschützt. Ein anderes Frankfurt, nicht Frankfurt des Mainstreams, das von meinen Helden erzählen würde. Diese Stadt ist die Stadt Adornos, der 68er, des legendären Suhrkamp Verlags, der gutherzigen Clara, der schändlichen Ghettos, die Stadt Anne Franks, der einsamen Brücken, der verlassenen Hinterhöfe, der Gebäude, die ihre dunkle Vergangenheit zu vergessen suchen, der türkischen Migranten, die auf der Leipziger Straße in ihrer Muttersprache »Drei Kilo Tomaten drei Lira« schreien, zweier junger Menschen, deren Haar im Sonnenlicht schimmert, während sie sich in der Moselstraße an einem eisigen Wintertag in tiefem Schlaf aneinanderkuscheln, des Blinden, der mit seiner Katze und seinen Tüten auf der Zeil hockt, der Frau in der Taunusstraße, die ihren Rock hochhebt und so auf Kundschaft wartet – eine Stadt, in der all das Seite an Seite existiert, voneinander wissend, aber sich nicht berührend.

Ja, mir waren diese tiefen Widersprüche, die einen manchmal zutiefst traurig stimmen, manchmal lediglich ein ironischer Moment sind, aus Istanbul sehr gut bekannt. Mit der Zeit spürte ich, dass sich die Stadt mir allmählich enthüllte und ich mich ihrem Wesen zu nähern begann, aber ich fühlte mich ihr nicht zugehörig: Denn ich hatte in dieser Stadt keine Geschichte – in allen Sinnschattierungen des Wortes –, und ich hatte keine eigene Inszenierung. Aber ich würde geduldig sein, denn ich verlangte von Frankfurt keine Liebe, sondern Freundschaft.

Und genauso, wie alle guten Freundschaften mit der Zeit reifen, wie unendliche Reisen, die man ewig weiterführen möchte, so war auch meine Reise zum Herzen der Stadt. Ich begann Frankfurt ganz langsam, ohne Hast kennenzulernen. Auch wenn mich niemand erwartete, stieg ich an jedem kleinen Bahnhof aus.

Die erste Überraschung in dieser Stadt war für mich, dass die »Frankfurter Schule« auch ein reales Gebäude war. Monatelang war ich an diesem Gebäude, das zur Universität gehört, vorbeigegangen, ohne es zu bemerken. An einem Samstag, als ich in der Leipziger Straße einkaufen war und an einer Ampel warten musste, fiel mir plötzlich dieses Gebäude auf, das Ende der fünfziger Jahre, nach einem Brief Adornos an die FAZ, errichtet wurde. Adorno hatte von einer Straße »zwischen Universität und Institut« geschrieben. Die Universität kannte ich, denn ich ging jeden Samstag daran vorbei. Dann konnte das Institut nicht allzu weit entfernt sein. Endlich hatte ich, die Hände voller Einkaufstüten, das unscheinbare, nüchterne Zentrum der »Frankfurter Schule« vor mir! Aber bis ich mein Spiel »Adornos Weg« zu spielen begann, sollte noch viel Zeit vergehen.

Wenn meine Freunde aus der Türkei zu Besuch kamen, gingen wir meistens in ein – inzwischen nicht mehr existierendes – thailändisches Restaurant in Bockenheim. Danach saßen wir im Café Albatros und liefen später an der Karl-Marx-Buchhandlung vorbei, betrachteten ihre Schaufenster, dann liefen wir über den Campus der Universität in Richtung Beethovenstraße. Eines Abends ging ich mit meinem jüngeren Bruder, der in Ankara Philosophie studierte, über den Campus. Plötzlich kam mir die Idee, durch den Kettenhofweg zu gehen und ihm Adornos Wohnung zu zeigen. Wir waren gerade vor dem Hörsaal IV, als sich plötzlich alles wie von selbst ergab: »Weißt du, das ist einer der Hörsäle, in denen Adorno Vorlesungen hielt. Das könnte sogar der Hörsaal sein, in dem er 1969, einige Monate vor seinem Tod, sprach, als drei Studentinnen hereinkamen und ihre Brüste entblößten.«

Mein Bruder war plötzlich Feuer und Flamme. Aber unser »Adorno-Weg« begann erst. Wir liefen weiter und blieben an der Ampel stehen. Dann erzählte ich ihm auch die Geschichte, wie ich das Institut entdeckt hatte, und zeigte ihm das gegenüberliegende Gebäude. Mein Bruder war begeistert. Wir wechselten auf die andere Straßenseite und setzten uns auf die Institutstreppe. Wir saßen wortlos da und schauten eine Weile auf das Senckenbergmuseum. Dann gingen wir weiter in Richtung Kettenhofweg. Ohne Vorwarnung blieb ich vor dem Haus Nr. 123 stehen. Ich zeigte auf das Schild, das in der Dunkelheit schwer zu entziffern war, und sagte: »Das ist das Haus, in dem Adorno nach seiner Rückkehr aus den USA mit seiner Frau Gretel gelebt hat.« Mein Bruder war jetzt richtig begeistert.

Dann liefen wir weiter in Richtung Lindenstraße. Jetzt war der Suhrkamp Verlag an der Reihe, der, genauso wie die »Frankfurter Schule«, in meinen Augen Einfachheit und dahinter verborgene Tiefe symbolisierte. Natürlich spürte ich – sogar nach Jahren – jedes Mal, wenn ich in der Lindenstraße Nr. 27 an dem ehemaligen Gestapogebäude vorbeiging, ein unangenehmes Schaudern; dieses Gebäude wollte ich ihm nicht zeigen. Was ich ihm allerdings zeigen wollte – obwohl es dafür eigentlich keinen Grund gab –, war das Verlagshaus, an dem ich manchmal vorbeiging, um es zu bewundern, obwohl es gar nicht auf meinem Weg lag. Ich sagte zu meinem Bruder: »Adorno hat wohl seine Manuskripte hier abgeliefert.« In den Augen meines Bruders glänzte Dank für diese »touristische Führung«. Ich setzte fort: »An der Ecke befindet sich das Café Laumer, wo er mit Horkheimer saß. Aber jetzt ist das Café geschlossen. Wir gehen morgen hin und trinken einen Kaffee.« So beendete ich meine erste Adorno-Führung. Diese Route habe ich dann 2003 um das Adorno-Denkmal bereichert. Nur war jener Tisch nicht Adornos Tisch – aber das habe ich keinem meiner Freunde erzählt. Vielleicht, weil keiner die Frage danach stellte, vielleicht, weil sie es nicht wirklich wissen wollten. Vielleicht fragen sie auch nicht, weil sie den Zauber spüren wollen, einem großen Denker zum ersten Mal nicht in seinen Büchern, sondern in der Dunkelheit und Stille fast leibhaftig zu begegnen.

Das Gefühl, in enger Vertrautheit mit der Geschichte zu leben, und die Dramatik, die das in mir heraufbeschwor, waren keine Ausnahmen, sondern das Grundgefühl in meiner Beziehung zu dieser Stadt. Vielleicht ließ ich die Geschichte der Stadt in mir an die Stelle meiner Geschichtslosigkeit in ihr treten. Wenn man in einer

Stadt so lebt, ist die natürliche Folge, dass kein Gefühl der Gewöhnung eintritt. Man kann die Dinge jeden Tag mit neuem Blick betrachten. Jedes Mal, wenn man an dem Denkmal vorbeigeht, kann man so tun, als würde man Friedrich Stoltze wie einen alten Bekannten begrüßen, den Weg verlängern und am Struwwelpeter vorbeigehen, der neben einer Baustelle sein Dasein fristet, und ihn anlächeln. Die Liste der Denkmäler, an denen man vorbeigehen will, kann sich Monat für Monat ändern. Und währenddessen entsteht zwischen der Stadt und einem selbst ein geheimes Abkommen, das einmalig ist und einem ein Gefühl von Außergewöhnlichkeit verleiht. Und genau durch diesen Zustand bin ich sowohl Teil der Stadt als auch nicht Teil von ihr. Natürlich hat diese Beziehung, die mich mit dem »Untergrund« der Stadt, mit dem Unsichtbaren verbindet, mich nicht daran gehindert, meine eigenen kleinen Orte zu (er)finden. Mir kommt das kleine italienische Café in der Leipziger Straße mit seiner Bedienung, den Kaffeetassen, den Bildern an der Wand, am meisten aber mit seiner Kundschaft und den Eispreisen als Kants »Ding an sich« vor. Die Karl-Marx-Buchhandlung, die, allen Widrigkeiten die Stirn bietend, weiterexistiert, der in ihrer Nähe befindliche Second-Hand-CD-Laden, die kleinen Cafés und Bistros in den Hinterhöfen, das Eiscafé Fontanella in der Kaiserstraße, in dem ich zur Mittagsstunde oft sitze und mich wie in Beyoğlu in Istanbul fühle, der eiskalte Wind im Winter, der über die nach Sachsenhausen führenden Brücken weht, die Bärlauchwecken, die ich mir jeden Morgen in der gleichen Bäckerei kaufe, der Duft der

Lindenblüten in der Lindenstraße, der Magnolienbaum an der Ecke der Beethovenstraße, der fünfzig Jahre alte Tabakladen in der Münchener Straße, der Papagei, der seit einiger Zeit aus einem neu eröffneten Friseurladen im Kettenhofweg ruft, die kleinen Bänke im Park, dessen Namen ich nicht kenne, das Café, in dem ich jeden Samstag einen Kaffee trinke, der Club Voltaire, von dessen Mitarbeitern und Besuchern ich das Gefühl habe, dass sie mit dieser Stadt eine Menge verbindet und dass sie hier zusammen alt werden, erscheinen mir, trotz allem, als das Mysterium der Dauerhaftigkeit des Lebens in dieser Stadt.

Jetzt, an einem heißen Juliabend, während ich all das schreibe, frage ich mich: »Ja, und wo bleiben die Menschen?« Tatsächlich, wo blieben die Menschen? Ich lebe nun seit so vielen Jahren in dieser Stadt, aber habe ich je einen Frankfurter kennengelernt, der – sei es nur innerlich – »Frankfurt, mon Amour!« sagt? Ich glaube nicht. Aber auf meinem täglichen Weg habe ich immer wieder Gelegenheit, einen Blick auf einen bestimmten Aspekt des Lebens in dieser Stadt zu werfen. Ich spreche vom Sperrmüll! Immer, wenn ich Gegenstände aus den 50er, 60er, 70er Jahren sehe, verlangsame ich meine Schritte. Anfangs tröstete ich mich mit dem Gedanken, dass jemand offenbar seine Wohnungseinrichtung erneuerte, musste aber erkennen, dass es sich häufig um ein Ende handelte. Ich stellte mir vor, wie oft man an dem Tisch mit den abgebrochenen Beinen an Weihnachten gemeinsam gegessen hatte, ich stellte mir die Gesichter vor, die sich im Spiegel betrachtet hatten und mit dem blind werdenden Spiegel gealtert waren. Eines Morgens sah ich zwischen ramponierten Möbeln einen roten, längst verblichenen Mantel mit schwarzem Pelzbesatz. Es war offensichtlich, dass er einmal ein Lieblingsstück und sehr gepflegt gewesen war. Als ich am Abend wieder an dem Haufen vorbeiging, war der Mantel verschwunden. Ich freute mich, vielleicht würde der rote Mantel mit einer anderen Person ein neues Leben beginnen.

Vor einigen Tagen sah ich auf dem Nachhauseweg vor einem Haus drei gerahmte Bilder und eine alte Olympia-Schreibmaschine. Ich glaube, zwei der Bilder stellten bunte Landschaften dar. Ich achtete nicht besonders darauf, denn das dritte Bild beanspruchte meine ganze Aufmerksamkeit. Ich glaubte, das Schwarzweißfoto zu erkennen. Ja, ich hatte mich nicht getäuscht, es war ein Bild von Wittgenstein. Es lag zusammen mit der Schreibmaschine vor der Tür. Wittgensteins Profilbild aus drei Teilen war in den Rahmen eingepasst, darunter stand in gleichmäßiger Handschrift eine Notiz. Ich brachte es nicht übers Herz, das Bild Wittgensteins der Straße bzw. dem Sperrmüll zu überlassen und war bereits im Begriff, es mitzunehmen, scheute dann aber davor zurück. Schließlich war das Bild mit der handschriftlichen Notiz etwas sehr Privates. Wer weiß, vielleicht wollte der Besitzer es tatsächlich aus seinem Leben reißen. Würde ich das Bild mitnehmen, wäre das, als würde ich einen weggeworfenen Liebesbrief mitnehmen, ihn lesen und aufbewahren. Vielleicht aber war sich der letzte Besitzer des Wertes dieser alten Schreibmaschine und des schwarz gerahmten Bildes gar nicht bewusst. Und was, wenn es auch nur Gegenstände waren, die von irgendjemandem vor die Tür gelegt worden waren? Von manchen Leben bleibt eben nicht viel mehr übrig. Als ich zu Hause ankam, war ich aufgewühlt. Ich hatte nicht einmal die handschriftliche Notiz unter dem Bild gelesen. Ich beschloss, die Dunkelheit abzuwarten. Dann würde ich zurückgehen, und wenn das Bild noch da wäre, würde ich es mitnehmen. Ich dachte an die Worte »die Welt ist die Gesamtheit der Tatsachen, nicht der Dinge« und lächelte. Als es dunkel wurde, machte ich mich auf den Weg. Als ich vor dem Haus ankam, waren nur das Bild Wittgensteins und die Schreibmaschine noch da. Ich nahm Wittgenstein – die alte Schreibmaschine war mir zu schwer, um sie nach Hause zu tragen, und entfernte mich im Laufschritt wie ein Dieb.

»Das Leben der Erkenntnis ist das Leben, welches glücklich ist, der Not der Welt zum Trotz«, stand handschriftlich unter dem Bild. Es war offenbar ein Geburtstagsgeschenk gewesen. Vor wie vielen Jahren wohl? Zehn? Zwanzig? Wo waren die Menschen jetzt, denen es gehört hatte?

Jetzt steht dieses Bild auf meinem Schreibtisch, und ich betrachte es, wenn ich nachdenke. Ich hatte in dieser Stadt, in der kühle Wolkenkratzer und verträumte Hinterhöfe nebeneinander existieren, in der zwischen Vergangenheit und Gegenwart die Zeit rasch dahinfließt, in den kleinen, abgelegenen Straßen aber plötzlich innehält, begonnen, diese Doppelexistenz zu verstehen und zu lieben.

Aus dem Türkischen von Beatrix Caner

Deutsche, Türken und Frankfurt

Alp Hamuroğlu

Mit den Verträgen, die nach 1960 geschlossen wurden, kam eine Vielzahl von türkischen Arbeitern nach Frankfurt und Umgebung. Da Frankfurt auch eine Universitätsstadt, ein Kultur- und Finanzzentrum ist, arbeiten und leben hier auch türkische Intellektuelle, Künstler, Literaten und Wissenschaftler. Türkische Medien in Europa haben in Frankfurt und Umgebung ihren Hauptsitz. Frankfurt ist auch eines der wichtigsten Zentren für die Produktion und Verbreitung türkischer Literatur in deutscher Übersetzung. Und als größte hessische Metropole beheimatet Frankfurt ein türkisches Generalkonsulat.

Der Frankfurter Hauptbahnhof stellte in den frühen 1960er Jahren für Türken einen beliebten Treffpunkt dar. Damals gab es noch keine türkischen Geschäfte und Vereine. Heute sieht das anders aus. Es gibt kaum ein Viertel, in dem sich nicht ein türkisches Geschäft oder eine türkische Einrichtung befindet. Inzwischen ist es kaum mehr möglich, eine Liste mit allen Arbeitern, Unternehmern, Gewerbetreibenden, aller sozialen und kulturellen Vereine und Einrichtungen mit türkischem Hintergrund aufzustellen.

Mit seinem großen Flughafen ist Frankfurt für Türken zu einem wichtigen Knotenpunkt für Reisen in die und aus der Türkei geworden. Hier spielt die Bedeutung Frankfurts als internationale Messestadt natürlich auch eine besondere Rolle. Viele Türken kommen deshalb nach

Frankfurt, und türkische Firmen nehmen an verschiedenen Messen teil. In diesem Zusammenhang sollten wir kurz auf die weltgrößte Buchmesse, die Frankfurter Buchmesse, einen Blick werfen. Die Türkei wird 2008 offizielles Gastland der Buchmesse sein. Die Türkei wird dann der Welt auf eine besondere Weise vorgestellt, sie wird mit ihrer Kultur, Kunst und Literatur in Frankfurt, Deutschland, und für die ganze Welt präsentiert werden.

Mit anderen Worten: Frankfurt ist ein wenig auch eine türkische Stadt.

Frankfurt und die Türken

Das Heilige Römische Reich Deutscher Nation führte auf europäischem Boden nach dem 15. Jahrhundert die meisten Kriege gegen das Osmanische Reich. Es hatte auch die meisten Beziehungen zu den Osmanen, so dass hin und wieder Abkommen zwischen beiden Reichen zustande kamen. Das erste Abkommen wurde zwischen Ferdinand I. und Sultan Süleyman dem Prächtigen unterzeichnet. Das auf Lateinisch und Türkisch (Arabisch) verfasste Dokument wurde vom Botschafter der Osmanen, Ibrahim Bey, dem Kaiser in Frankfurt zur Unterzeichnung vorgelegt. Doch der Vertrag sollte nicht von langer Dauer sein. Zwei Jahre nach der Unterzeichnung starb Ferdinand I., und sein Sohn, Maximilian II., trat die Nachfolge an. Nachdem dieser das in Frankfurt unterzeichnete Abkommen nicht anerkannte, zog Süleyman der Prächtige im Jahre 1566 gegen Deutschland ins Feld.

Frankfurt hatte aus der Sicht der Türken und der Türkei immer eine besondere Bedeutung. Mit seiner zentralen

Lage auf der Handelslinie nach Nordeuropa, war und ist Frankfurt nicht nur ein Ziel-, sondern auch ein wichtiger Durchgangsort.

Mit der wirtschaftlichen und kulturellen Entwicklung der Stadt im 19. und zu Beginn des 20. Jahrhunderts wuchs auch ihre Bedeutung für die Türkei. Wenn von Deutschland die Rede war, kam den Türken neben Berlin und Wien gleich auch Frankfurt in den Sinn. In der gleichen Zeit gewannen Deutschland und die Türkei zunehmend füreinander an Bedeutung. Dies sollte sich in den späteren Jahren in Form von Bündnissen und einer Allianz, die zu einer »Waffenbrüderschaft« führte, äußern.

Frankfurt in der türkischen Literatur

Einer der wichtigsten Vertreter des Symbolismus in der türkischen Literatur, Ahmet Haşim, unternahm in den Jahren nach der Republikgründung 1923 eine Reise nach Frankfurt. Die Eindrücke seines Aufenthaltes wurden als Reisenotizen veröffentlicht. Diese Reisenotizen verdienen nicht nur als eines der führenden Beispiele literarischer Werke, die Europa thematisieren, besondere Aufmerksamkeit, sondern auch wegen ihrer präzisen Beobachtungen und ihrer besonderen Erzählweise. Sie bestechen durch detaillierte Beobachtungen, die durch ergreifende Kommentare abgerundet werden. Der »Frankfurter Reisebericht« wurden 1932 zunächst als Artikelserie veröffentlicht, 1933 kamen sie als Buch heraus, das seitdem mehrmals aufgelegt wurde. Unter dem Titel »Frankfurter Reisebericht« wird es bald auf Deutsch zu lesen sein.

Der Beginn der Arbeitsmigration

Die »Mittelmeermigration« in den 1960er Jahren war zu einem Teil der Reparation und des Aufbaus Westdeutschlands geworden. Die Bevölkerung Westdeutschlands war durch den Krieg dezimiert, die Menschen waren müde und, was am wichtigsten war, die jungen Männer waren im Krieg gestorben oder sie waren in Gefangenschaft. Die Bevölkerung war nicht in der Lage, den großen Schritt in die industrielle Produktion zu leisten. Deutschland hatte nicht genügend Arbeitskräfte für den industriellen Neubeginn.

Die »Gastarbeiter« kamen hauptsächlich aus den Mittelmeerländern nach Deutschland. Unter ihnen bildeten die Türken die größte Gruppe. Sie erregten auch am meisten Aufsehen, da sie in kürzester Zeit in Deutschland die größte Ausländergruppe darstellten. Außerdem waren die Türken anders als die anderen.

Frankfurt war für die Arbeitsmigration aus der Türkei ein wichtiger Ort. Die Stadt war ein Durchreisebahnhof für die Züge mit Arbeitsmigranten aus der Türkei, für manche war sie die Endstation. Reisende, die nicht in München ausstiegen, kamen meist nach Frankfurt und in die Umgebung.

Vom »Gast« zum »Mitbürger«, vom »Gastarbeiter« zum Migranten

Geplant war, dass die »Gastarbeiter«nur für kurze Zeit in Deutschland bleiben sollten. Nachdem sie gearbeitet hatten, sollten sie wieder in ihre Heimat zurückkehren, und neue Arbeitskräfte sollten an ihre Stelle treten.

Niemand sah im Plan dieser Arbeitskräftezirkulation ein Problem auf Deutschland zukommen. Menschen, die nur eine Weile im Land blieben, konnten keine Probleme verursachen. Wenn doch, würden sie diese bei ihrer Abreise mitnehmen.

Doch mit dem Gedanken, dass neu ankommende Arbeitskräfte immer wieder eingearbeitet werden mussten und die Produktivität darunter litt, erlaubte Deutschland den Aufenthalt auch nach dem Ablauf der ersten befristeten Arbeitsverträge. Später wurde der Aufenthalt sogar aktiv unterstützt. Auch die Gastarbeiter orientierten sich um, der kurze Aufenthalt sollte doch etwas ausgedehnter werden. Sie konnten nicht so einfach in die Türkei zurück, wie sie es sich vorgestellt hatten. Je länger ihr Aufenthalt dauerte, desto eher entschieden sich die Menschen zum Bleiben.

Das »Ausländerproblem«

Deutschland war auf einen längeren Aufenthalt der Gastarbeiter nicht vorbereitet. Von einer Vorbereitung auf einen Daueraufenthalt war nicht die Rede. Die ersten Probleme mit den in Deutschland lebenden Ausländern kamen allmählich auf die Tagesordnung. Die Gäste gingen nicht, man »bewirtete« sie weiterhin. Die Verlängerung des »Gastaufenthalts« brachte für beide Seiten neue Verpflichtungen mit sich. Gleichzeitig entstanden verschiedene neue Bedürfnisse. Unverhoffte neue Forderungen beider Seiten kristallisierten sich heraus.

Die Bedingungen waren für einen längeren Aufenthalt der Arbeitskräfte nicht gedacht und wurden der neuen

Situation nicht gerecht. Obwohl sie ursprünglich nur für kurze Zeit hatten bleiben wollten, blieben die Menschen länger, und als die Verweildauer in Deutschland sich in die Länge zog, entstand Unzufriedenheit.

Als es in den 1970er Jahren zu einer wirtschaftlichen Rezession kam, wurden die Ausländer für die steigende Arbeitslosenzahl verantwortlich gemacht. Als sich die Rezession zu einer echten Wirtschaftskrise auswuchs und die Arbeitslosenquote stieg, erklärten Wirtschaft und Wissenschaft das zum »Ausländerproblem«. Deutschland hatte von nun an ein »Ausländerproblem« zu lösen. Wenn es nicht ganz zu lösen wäre, sollte es zumindest bekämpft werden.

»Das Ausländerproblem« = »ein Türkenproblem«

Unter den Gastarbeitern verursachten die Türken die meisten Probleme, angeblich waren sogar nur sie ein Problem! Sie wurden als integrationsunwillig bezeichnet. Man sah mit Entsetzen, wie sie sich vermehrten. Ihre Religion ließ sie fremdartig wirken. Sie wurden nicht akzeptiert und lösten bei vielen Einheimischen Unbehagen aus.

Weil keine angemessene Integrationspolitik betrieben wurde und die nötigen Investitionen im integrativen Bereich nicht getätigt wurden, insgesamt zu wenig Anstrengungen unternommen wurden, die Probleme zu lösen, entwickelte sich das »Ausländerproblem« sehr schnell zu einem »Türkenproblem«, da die Türken die größte Gruppe bildeten und eben »anders« waren.

Die Deutschen hatten ein »Ausländerproblem« in ihrer Geschichte in diesem Maße bisher nicht gekannt.

Türkenwitze zeigten, als was man die Türken sah und sehen wollte. Günther Wallraff drückte es im Titel seines Werkes eindrucksvoll aus: Ganz unten!

Die Deutschen entdecken die Religion der Türken

Der deutsche Staat, die Parteien, Institutionen und die Gesellschaft sahen in den Türken nicht nur ein »Ausländerproblem«, Ende der 1980er Jahre kam noch das »Religionsproblem« hinzu.

Während andere Arbeiter, die nach Deutschland geholt worden waren, einfach Italiener, Spanier oder Griechen waren, wurden die Türken allmählich nicht mehr als Türken wahrgenommen, sondern als Muslime. Während man sich bei Italienern, Spaniern oder Griechen für deren Bedürfnisse nach politischer und kultureller Betätigung einsetzte, wurden bei den Türken religiöse Belange in den Vordergrund gestellt. Organisation und Betätigung in religiösen Bereichen wurden unterstützt und gefördert. Man ging sogar so weit, fundamentalistischen Strömungen freien Raum zu lassen, obwohl diese schon damals gegen deutsche Gesetze verstießen. Zum Beispiel drückte man ein Auge zu, als türkische Kinder illegale Korankurse, Religionsschulen und Ausbildungscamps fundamentalistischer Organisationen besuchten. Religiöse Gruppen konnten ungehindert unter falschen Versprechungen in Moscheen Geld sammeln und illegale Geschäfte tätigen. Außerdem sah man darüber hinweg, dass religiöse Sekten unter Zuhilfenahme ihrer deutschen Ableger Steuerbetrug begingen.

»Der deutsche Islam«

Deutschland wollte die Türken nicht in ihrer nationalen Identität anerkennen, sondern definierte sie nur noch über religiöse Identität. Außerdem wurde beschlossen, dass der islamische Religionsunterricht auf Deutsch und von in Deutschland ausgebildeten Lehrern abgehalten werden sollte. Obwohl Türkisch nach Deutsch die in Deutschland am meisten gesprochne Sprache ist, wurde Türkisch allmählich aus den Schulen verbannt. Damit nicht genug, man erklärte dem Türkisch-Sprechen unter Schulkindern den Krieg. Die Bedeutung des Türkischen sollte verringert werden. Die türkische Gesellschaft in Deutschland sollte weniger in ihrer Muttersprache kommunizieren, die türkische Jugend sollte um der besseren Integration willen ganz auf Türkisch verzichten.

Deutschland nahm sich vor, die im Land lebenden Muslime unter einem Dach zu vereinen, gleichgültig, aus welchem Land sie stammten. Damit sollte für die staatlichen Institutionen ein einziger »Gesprächspartner« geschaffen werden. Deswegen wird der Islam »unterstützt« und auch der »interreligiöse Dialog« auf einer bestimmten Ebene gefördert.

Während die Zahl der Moscheen mit Hilfe deutscher Institutionen zunimmt (1) und muslimischen Organisationen finanzielle Hilfen gewährt werden (2), lässt man die deutsche Gesellschaft mit dem »Islam-Problem« allein.

Die Islam-Politik der deutschen Regierung, die als »Ausländerpolitik« dargestellt wird, deckt sich auf internationaler Ebene mit der Türkei-Politik und der deutschen Politik gegenüber der islamischen Welt.

Deutschlands Vorstellung vom türkischen Staat ist mittlerweile offensichtlich: Die Türkei muss nicht notwendigerweise ein laizistisches Land sein. Im Rahmen der US-amerikanischen Pläne von einem »gemäßigten Islam« könnte sie in die Nahostregion integriert werden. Die Türkei müsste sich jedoch vom Kemalismus lösen: Sie bräuchte sich nicht gegen den Westen zu schützen, sondern sollte sich, im Gegenteil, ganz dem Westen ausliefern. Die »Demokratie« sollte in der Türkei Einzug halten. Und alles, was die »Demokratie« an ihrer Ausbreitung hindert, müsste aus dem Weg geschafft werden: Institutionen, die mit der kemalistischen Tradition verbunden sind, wie das Militär, die Justiz und die Hochschulen, sollen entmachtet werden. Ein Festhalten an einer ungeteilten Türkei wäre unangemessen, eine Teilung der Türkei wäre womöglich sogar willkommen. Dann könnte die EU mit jedem der neu entstandenen Länder Beziehungen aufnehmen.

Deutschland hat Ende des 20. Jahrhunderts im Zusammenhang mit der Neuordnung der Staatenwelt, d.h. nach dem Zusammenbruch des Ostblocks und dessen Einflussgebieten im Fernen Osten, die islamische Welt als neues Interessengebiet für sich entdeckt. Zu dieser Neuorientierung Deutschlands in Bezug auf die islamischen Länder gehörte auch die Unterstützung der amerikanischen Pläne, die Türkei in die Riege der Länder des »gemäßigten Islam« zu integrieren. Die Türkei sollte als das wichtigste islamische Land der Region den USA bei der Verwirklichung ihrer Pläne dienen. Sie sollte die USA bei der Machtübernahme im Nahen Osten unterstützen, und bei Bedarf sollte die türkische Armee für die USA in der Region Kriege führen. Und Deutschland macht nun wieder Weltpolitik und steht auf Seiten der USA.

»Terroristische Moslems«, »Gefährlicher Islam«

Der 11. September 2001 mit seinen weltweiten Auswirkungen und der damit einhergehenden Verunsicherung brachte auch eine Änderung und Neuausrichtung der Haltung Deutschlands mit sich. Wie in vielen anderen westlichen Ländern wurde auch in Deutschland der Islam als neues Feindbild etabliert. Muslime wurden als gefährlich dargestellt und als Terroristen betrachtet.

Das »Ausländerproblem«, das in ein »Türkenproblem« umbenannt worden war, sollte jetzt in ein »Islamproblem« umgedeutet werden.

Dies löste unter den Türken einige Reaktionen aus. Sie wandten sich gegen eine Nichtbeachtung ihrer nationalen Identität und dagegen, dass man ihnen stattdessen eine religiöse Identität aufdrückte. Sie protestierten gegen die Darstellung ihrer Gesellschaft als religiöse Gemeinschaft. Untersuchungen wurden durchgeführt und Diskussionsveranstaltungen organisiert. Ein Ergebnis dieser Bemühungen ist die 2005 in Frankfurt gegründete »Initiative säkularer und laizistischer Bürger aus islamisch geprägten Herkunftsländern in Hessen« (ISL Hessen). Die Gründer dieser Initiative sind Intellektuelle, deren Hauptaugenmerk nicht ihrer religiösen, sondern ihrer sozialen, kulturellen oder politischen Identität gilt, darunter gewählte Abgeordnete, Ingenieure, Ärzte, Lehrer, Freiberufler, Arbeitgeber, Gewerkschafter und Akademiker.

Die ISL Hessen versucht, sich mit ihren Aktivitäten zu den Themen »Islam in Deutschland« und »Integration der türkischen Gesellschaft in Deutschland« Gehör zu verschaffen und bemüht sich, die deutsche Politik mit konstruktiver Kritik zu begleiten.

Die ungeliebte »Fremdsprache« Türkisch

Die Türken haben sich in den letzen Jahren gegen die Angriffe auf das Türkische zur Wehr gesetzt. Vor allem brachten sie ihren Unmut darüber zum Ausdruck, dass das Türkische aus den Lehrplänen der Sekundarstufe entfernt wurde und keine neuen Türkischlehrer mehr eingestellt wurden. Vor allem der Vorstoß, das Türkisch-Sprechen zu unterbinden, rief unter den Türken heftige Reaktionen hervor.

Man sollte sich immer vor Augen halten, dass die ungeliebte »Fremdsprache« Türkisch mehr ist als eine Fremdsprache, sie ist die Muttersprache der größten ausländischen Gruppe in Deutschland und neben dem Deutschen die am häufigsten gesprochene Sprache in diesem Land.

Das neue Einwanderungsgesetz

Am 14. Juni 2007 wurde im deutschen Parlament mit einer Mehrheit von 398 Stimmen das neue Zuwanderungsgesetz verabschiedet. Es gab nur 198 Gegenstimmen. Die Parteien der Mitte hatten sich zuvor über den Entwurf für das neue Gesetz geeinigt. Die große Mehrheit bei der Abstimmung zeigte eine deutliche Zustimmung.

Das neue Gesetz wurde noch vor den Parlamentsferien im Bundestag diskutiert. Bevor es in Kraft treten konnte, musste es auch vom Bundesrat angenommen werden, was ohne Widerspruch geschah.

Das neue Ausländergesetz ist im Grunde ein »Einwanderungsbegrenzungsgesetz«. Es hat nicht die »Einwanderer« oder die »Ausländer« zum Inhalt, sondern lediglich die Türken. Es scheint, als würde das neue Gesetz nicht gebraucht, wenn alle Türken aus Deutschland ausgewiesen werden könnten.

Das Neue an der jetzigen Situation ist eigentlich nur, dass die in Deutschland unerwünschten Türken nun mit Zustimmung der SPD nicht gewollt sind. Viele Türken, die im Bundestag oder in den Länderparlamenten sitzen, haben ihre Bedenken gegenüber dem neuen Einwanderungsgesetz zum Ausdruck gebracht. Manche haben sich offen gegen ihre Partei gestellt.

Nachdem das Einwanderungsgesetz verabschiedet wurde, haben türkischstämmige SPD-Mitglieder in Frankfurt eine Diskussion zu diesem Gesetz veranstaltet. Am Ende dieser Veranstaltung wurden Beschlüsse gefasst, ein Ausschuss wurde gebildet. Dessen Aufgabe ist es, die Missstände, die aus dem Gesetz resultieren, an die SPD-Zentrale heranzutragen. Mit einer Deklaration gegen das Gesetz will man eine breite Öffentlichkeit erreichen und die Reaktionen bündeln.

Aus dem Türkischen von Hilmi Tozan

(1) Derzeit gibt es in Deutschland ca. 2.500 Moscheen und Gebetsräume.

(2) Organisationen, die in kulturellen, politischen und sozialen Bereichen arbeiten, bekamen nicht die Hilfen, die religiöse Organisationen erhielten.

Die Position des Anderen

Naime Çakır

Die Anzahl der Menschen muslimischen Glaubens wird in Deutschland auf ungefähr 3.2 Millionen geschätzt. In Frankfurt am Main sollen etwa 12 % der Einwohner muslimischen Glaubens sein.

Diese Zahlen können aber nur als Richtwert dienen, da die Religionszugehörigkeit in Deutschland anhand der Staatsangehörigkeit erfasst wird. So wird pauschal davon ausgegangen, dass beispielsweise, unabhängig davon, wie es der Einzelne mit seiner »Religion« hält, jeder Türke oder Marokkaner dem islamischen Glauben zugeordnet werden kann. Unstrittig aber ist, dass der Islam heute zum Alltag deutscher Großstädte gehört. In Frankfurt gleicht die Vielfalt des islamischen Lebens, insbesondere aufgrund der seiner ethnischen Vielfalt, einem eigenen Mikrokosmos.

Seit dem Zerfall der Sowjetunion und dem damit einhergehenden Wegfall der bipolaren Spannungen zwischen Ost und West, insbesondere aber seit dem Terroranschlag vom 11. September 2001, scheint kaum noch ein Tag zu vergehen, an dem nicht vor dem anwachsenden Bedrohungspotential der »islamistischen Gefahr« gewarnt wird, die die westliche Wertegemeinschaft zu vernichten drohe. All diese vermuteten Bedrohungsszenarien wirken sich auf die Mehrheit derjenigen Menschen besonders schwerwiegend aus, die innerhalb einer Gesellschaft mit freiheitlich-demokratischem Anspruch lediglich ihren Glauben leben möchten und sich damit in ungerechtfertigter Weise dem konstruierten und vorurteilsbeladenen »Feindbild Islam« im Sinne eines religiösen Fundamentalismus ausgesetzt sehen.

Wurde der Faktor Religion bis in die jüngere Zeit im allgemeinen Integrationsdiskurs im Wesentlichen ignoriert, wird ihm seit der Jahrtausendwende eine große Bedeutung zugemessen. Unberücksichtigt bleibt dabei, dass für Menschen mit Migrationshintergrund, die aus islamisch geprägten Ländern stammen, Religion nur ein Merkmal unter vielen anderen ist, das ihr Verhalten und ihre Partizipation in der Gesellschaft beeinflusst. War es in den 70er und 80er Jahren primär »der Türke«, der seine Töchter unterdrückte und die Söhne zu Paschas erzog, sind es heute »die Muslime«. Das bedeutet konkret: Die Etikettierung des Fremden findet offenbar nicht mehr entlang der Nationalität, sondern zunehmend entlang der Religionszugehörigkeit statt, wobei diese religionsbezogene Etikettierung offensichtlich viel mit der Erkenntnis zu tun hat, dass die Zugewanderten ihren Lebensmittelpunkt mittlerweile auf Dauer nach Deutschland verlegt haben. Die Segregation nach der Religionszugehörigkeit scheint sich hier z. B. unter der Perspektive einer Inklusions-Exklusions-Dialektik sensu Niklas Luhmann (1987) ökonomisch als äußerst sinnvoll zu erweisen, weil sie bei der Ausgrenzung von Minderheiten die größte Gruppe der Einwanderer umfasst. Offensichtlich ist aus der Perspektive der Dynamik des »Eigenen und des Fremden« im Sinne von Zygmunt Bauman eines der »Hauptvergehen« der Immigranten, dass diese angeblich ungebeten in die vertraute Lebenswelt eingetreten sind und sich gewissermaßen »weigern« wegzugehen und darüber hinaus das Recht für sich beanspruchen, Subjekt von Verantwortung zu sein, was nur »dem Eigenen« vorbehalten ist. Bauman erklärt dies mit der »Figur des Dritten«, die gegen die Einteilung der Welt in Gut und Böse nach dem Freund-Feind-Prinzip rebelliert und die fixen Orientierungspunkte im Bestreben nach Identität in Frage stellt (vgl. Bauman 1998, S. 29 ff.). Das heißt in unserem Fall für die Muslime, dass ihr Hauptvergehen darin besteht, dass sie nicht nur nicht aus Deutschland weggehen möchten, sondern zunehmend für sich beanspruchen, Deutsche und bekennende Muslime zu sein, was für viele einer Provokation gleichkommt. Das heißt umgekehrt: Solange beispielsweise »der Türke« als Türke muslimischen Glaubens erkennbar war, konnte er in seinem erkennbaren Anderssein als der Andere des Eigenen typisiert und ignoriert werden. Indem »der Türke« sich zunehmend als Deutscher mit gleichen Rechten und Pflichten eines Bürgers deutscher Staatszugehörigkeit begreift – wobei er sich hierbei in seinem Grundverständnis, wie andere andersgläubige Deutsche auch, lediglich durch seine Religion von der Mehrheitsgesellschaft unterscheidet –, scheint er nicht nur die Multi-Kulti-Skeptiker zu provozieren, die dadurch die eigenen ethnisch-kulturellen Werte bedroht sehen, sondern alle diejenigen Immigranten mit türkisch-nationalistischer Orientierung, da die loyalen Neu-Deutschen von ihrem Standpunkt her gewissermaßen im Begriff sind, die Ideale ihrer Herkunftsnation in Frage zu stellen. Aus dieser Doppel-Perspektive ist die tatsächliche Identifizierung mit dem deutschen Staat nur erwünscht, wenn der Eingedeutschte sich lediglich als »Pass-Deutscher« begreift.

Indem sich immer mehr Menschen mit einer islamischen Identität als Deutsche begreifen und gleichzeitig damit deren national-ethnische Identität für sie selbst immer mehr an Bedeutung verliert, verschwimmen die bis dahin Orientierungssicherheit gewährenden Grenzen zwischen Innen und Außen bzw. Eigenem und Fremden. Ein Mensch, der von der Mehrheitsgesellschaft als Fremder erlebt wird, scheint sich damit der Einschätzbarkeit zu entziehen, was ihn verdächtig macht. Misstrauen lösen diese Menschen nicht nur aus, weil sie Muslime sind, sondern weil sie im Begriff sind, vom Proletariat, also von Müllmann und Putzfrau zu Angestellten, Akademikern und Unternehmern aufzusteigen und gegenüber der Politik und anderen etablierten Institutionen fordernd auftreten, während sie doch als neu Zugewanderte gefälligst in der Position des dankbaren Bittstellers verharren sollten.

Dies führt zu der paradoxen Situation, dass aus der bewährten Fremdheitsperspektive besonders diejenigen Muslime in einen Fundamentalismusverdacht mit besonderem Bedrohungspotential geraten, die sich als Deutsche muslimischen Glaubens begreifen und als selbstbewusste Mitbürger ihre im Grundgesetz verankerten Rechte nach freier Religionsausübung einklagen, da (1) diese mit dem Erstreiten von Rechten längerfristig die konstruierte deutsche Leitkultur-Idee zu bedrohen scheinen.

Erwünscht und unverdächtig bleibt offenbar nur derjenige Immigrant muslimischen Glaubens, der sich primär als »türkischer« Muslim begreift, seinen Glauben lediglich in den Hinterhof-Moscheen lebt und somit als bekennender nicht-deutscher Staatsbürger das Andere des Eigenen gewährleistet. Primäres Bemühen zur Bewahrung einer christlich-abendländischen Leitkultur wären damit vielmehr assimilatorische Bestrebungen, sprich: Preisgabe eigener Wertvorstellungen, damit der Andere als Fremder erkennbar bleibt.

Insofern widerspräche die Integration im Sinne der Einbringung der kulturellen und religiösen Werte von Minderheiten in die Residenzgesellschaft den nationalstaatlich-kulturellen Identitätsbemühungen, die gerade dann hochgehalten werden müssen, wenn das Eigene einem größeren Bedrohungspotential ausgesetzt zu sein scheint, wie die aufflammende Debatte der Leitkultur-Idee zeigt. Im Zuge dieser Debatte, ausgehend von der unerschütterlichen Gewissheit, dass der Islam mit demokratischen Prinzipien generell unvereinbar sei, wird dem Islam nicht nur die Rolle des »Bösen« zugewiesen. Solches Gedankengut scheint mittlerweile bis in die Mitte der Gesellschaft vorgedrungen zu sein, wie es sich beispielsweise an aktuellen, auf den Islam bezogenen Feindbildkonstruktionen in der öffentlichen Diskussion eindeutig zeigen lässt.

So meinte Bischof Huber zu den kürzlich viel diskutierten Moscheebauvorhaben, die derzeit »groß angelegte Moscheebau-Initiative« werfe die Frage auf, inwieweit dies der »Befriedigung religiöser Bedürfnisse« diene oder hier lediglich »Machtansprüche zum Ausdruck« kämen (Huber 2007).

Eine vermutete groß angelegte Moscheebauinitiative, verbunden mit subtilen Machtansprüchen, suggeriert, dass die Moscheebauten in Deutschland von einer im Geheimen operierenden Stelle gesteuert werden, um Machtansprüche zu demonstrieren und durchzusetzen.

Nicht nur Bischof Huber, auch andere namhafte Persönlichkeiten scheinen sich der Bekämpfung der als gefährlich charakterisierten »islamischen« Gefahr verschrieben zu haben. Kein Geringerer als der Publizist Ralf Giordano sagt: »Nicht die Muslime, sondern der Islam ist das Problem.« So legt Herr Giordano nahe, dass man Menschen, die zu dieser Religionsgruppe gehören, diskriminieren, ausgrenzen und ihnen ihr Recht auf freie Religionsausübung beschneiden müsse (2). Eine andere Schlussfolgerung lässt solch eine Äußerung kaum zu.

Angesichts solcher Äußerungen fühlen sich eben diejenigen bestätigt, die einem fremdenfeindlichen Gedankengut anhängen, wie sich das kürzlich auch in der Moscheebaudebatte im Frankfurter Stadtteil Hausen zeigte. Einer der Hauptakteure der Bürgerinitiative gegen den Moscheebau in Hausen, Hiltrud Schröter, die besonders seitens der Republikaner reichlich Beifall für ihre Polemik gegenüber dem Islam erhielt und die zudem noch versuchte, diese Polemik als wissenschaftliche Seriosität darzulegen, ist kein Einzelfall. Sie sagte in der »Hausener Brotfabrik« vor ca. 300 Menschen, meist Moscheebaugegner, dass sie sich im Widerstand befände. Wenn ein Herr Giordano den gesamten Islam als Problem sieht und dies so propagiert, dann hat eben eine Frau Schröter das Recht, sich als Widerstandskämpferin zu empfinden, weil jeder Akt der öffentlichen Demonstration des Islam als ein Angriff auf die eigene demokratische Struktur erlebt wird, da mit dieser verschwörungstheoretischen Konstruktion keine Differenzierung zwischen dem Islam, den Muslimen, dem Islamismus und dem islamistischen Terrorismus berücksichtigt werden muss. Die Botschaft ist: »der Feind lebt unter uns«, und dieser muss mit allen Mitteln bekämpft werden, koste es, was es wolle.

Zygmunt Bauman erläutert in seinen Analysen zum Rassismus Fremdheit als eine »Kategorie der Ambivalenz«, demzufolge die emotionale Besetzung von Fremdheit »zwischen Faszination und Bedrohung, Bewunderung und Verachtung« hin und her wechsle. So unterscheidet er in seinen soziologischen Analysen zum Rassismus in Anlehnung an Taguieff drei negativ-ablehnende Reaktionsformen auf Fremdheit:

1. eine »natürliche Reaktion« der Irritation, die er als »Heterophobie« oder »primären Rassismus« bezeichnet, die meist mit spontaner Antipathie einhergeht.

2. einen »sekundären« bzw. »rationalisierten« Rassismus, mit dem eine begründbare Theorie der Ressentiments gegenüber der ausgegrenzten Gruppe bereitgestellt wird.

3. den »tertiären« oder »mystifizierten« Rassismus, der »scheinbiologische« Argumente der Ausgrenzung liefert und damit die Irreversibilität des schädlichen Andersseins betont (vgl. Bauman 1994, S. 77–78).

Für Bauman ist Heterophobie noch kein Rassismus im eigentlichen Sinne, da sie auf einem spontanen, diffusen –

also natürlichen – Unbehagen bzw. Angstgefühl gegen das unverstandene, unvertraute Fremde beruhe. Dies bedeutet, dass das Andere zunächst nicht zwingend als bedrohlich empfunden wird, sondern dass Bedrohlichkeit erst entsteht, wenn befürchtet wird, die Unterscheidung der empfundenen Grenzen von Eigenem und Fremdem könnte sich verwischen und das Fremde das Eigene unterwandern (vgl. Bauman 1994, S. 79). So stärken die Appelle, die stets vor einer islamischen Unterwanderung warnen, eben jene, die, wie oben beschrieben, fremdenfeindliche Tendenzen stärken, weil durch die politische und mediale Stimmungsmache der Fremde als Freund oder Feind identifiziert/definiert wird.

In diesem Zusammenhang soll an dieser Stelle gerade am Beispiel bestimmter Protagonisten wie Ralph Giordano darauf hingewiesen werden, dass jede islamfeindliche Äußerung und jede undifferenzierte Rede von Parallelgesellschaften, welche die Benachteiligung, insbesondere von Jugendlichen mit Migrationshintergrund übersieht, nicht nur antiislamische Haltungen, sondern auch fremdenfeindliche, rassistische und antisemitische Tendenzen stärkt, weil solche Bedrohungsszenarien in unsicheren Zeiten, in denen sich die Bürger von vielen Entwicklungen überrollt sehen, generell die Angst gegenüber dem Anderen, die eben auch in fremdenfeindliche Gesinnung umschlagen kann, stärkt. Das Gleiche gilt für Antisemitismus, der von manchen Menschen muslimischen Glaubens ausgeht, denen u. a. mit islamischen Argumenten entschieden entgegengetreten werden muss. Auch ihnen muss klargemacht werden, dass sie mit ihrer antisemitischen Haltung in gleicher Weise dazu beitragen, antiislamische Einstellungen und Fremdenfeindlichkeit zu stärken, weil eben solche Äußerungen nicht nur die Angst gegenüber dem Anderen schüren, sondern insgesamt menschenfeindlich sind.

So wundert es nicht, dass, wie erst kürzlich in Mügeln geschehen, »fremdländische« Menschen mit ausländerfeindlichen und rassistischen Parolen durch die Straßen gehetzt und verletzt wurden. Ebenso wundert es nicht, wenn in dieser Atmosphäre der Angst Antisemitismus, Fremden- und Islamfeindlichkeit wieder zunehmen. Hier zeigt sich deutlich, dass Mechanismen der Ausgrenzung und Diskriminierung Konstruktionen eines Feinbildes zur Basis haben, wenn auch Fremdenfeindlichkeit, Islamfeindlichkeit und Antisemitismus bei näherer Betrachtung unterschiedliche Phänomene sind. Dennoch – folgende Wirkmechanismen sind gleich: Um das eigene Feindbild zu stabilisieren und zu legitimieren wird ganz allgemein eine dazu ausersehene Feindesgruppe zu einem geschlossenen Gebilde homogenisiert, auf wenige Merkmale reduziert, und es werden ihr Angriffsabsichten unterstellt, ihr negative Denkweisen, Gefühle und Motive zugeschrieben, wozu man bereit ist, diese zu erwidern oder ihnen zuvorzukommen, wobei der Akteur sich selbst als defensiv und positiv wahrnimmt (vgl. Kliche 2000, S. 116). Mit dem Feindbild gehen demnach in der Regel, wie insbesondere Groh betont, verschwörungstheoretische Muster einher, mit denen die potentiellen Feinde aufgrund vermuteter großer Solidaritätsleistungen als derart mächtig vorgestellt werden, dass ihnen unterstellt wird, bei eigener Unachtsamkeit das Eigene jederzeit vernichten zu können, womit die eigenen aggressiven Handlungen nicht nur als ein legitimes Mittel, sondern als Notwendigkeit betrachtet werden (vgl. Groh 1992, S. 267 f.). An dieser Stelle sei betont, dass dieser Mechanismus nicht nur in Bezug auf eine Feindbildkonstruktion gegenüber dem Islam oder den »Muslimen« funktioniert, sondern auch umgekehrt von gleicher Wirksamkeit ist.

Diese Tatsache macht die Diskussion um die Integration »der Muslime« nicht einfacher, zumal auch innerhalb der organisierten Verbände mit Vertretungsanspruch – seien sie religiös oder laizistisch orientiert – ein Kampf um Anerkennung entbrannt ist, bei dem es primär darum zu gehen scheint, die eigene Machtposition und mögliche Einflusssphäre innerhalb der Residenzgesellschaft zu sichern. Dieser Kampf um möglichst einflussreiche Positionierung findet zumeist vor dem Hintergrund gegenseitiger Abgrenzung statt, wodurch die Landschaft muslimischen Lebens für die deutsche Öffentlichkeit noch undurchschaubarer wird. In diesem Kampf scheinen diejenigen zu bestehen, die schon in ihren Heimatländern Funktionärstätigkeiten bekleideten und bereits dort zur Bildungselite gehörten. Diejenigen, deren Heimat (bzw. die Heimat ihrer Eltern) lange Zeit Hinterhofsmoscheen waren, beanspruchen jetzt, für sich selbst zu sprechen und ihre Sicht der Dinge zu artikulieren, und sie konkurrieren mit dieser Elite.

Die Diskussionen um das Kopftuch und die islamische Religion, die zwischen den laizistisch orientierten

Migrantenselbstorganisationen und den muslimischen Verbänden, denen man von der Gegenseite mit größter Skepsis begegnet, geführt werden, erinnern an die Situation in der Türkei, die als laizistischer Staat allen religiösen Symbolen – insbesondere dem Kopftuch – kritisch gegenübersteht.

Jahrelang galten fromme Menschen, die ihre Religiosität sichtbar nach außen trugen und sich zu ihrer Religion offen bekannten und eben dazu noch beanspruchten, an der Macht zu partizipieren, als Anti-Kemalisten und somit als Gefahr einer islamistischen Unterjochung der türkischen Nation. Dies zeigte sich deutlich im Wahlkampf im Jahr 2006/2007, als Deniz Baykal als Vorsitzender der CHP (Republikanische Volkspartei) mit aller Macht mittels entsprechender Feindbildkonstruktionen die islamistische Gefahr beschwor, was sich allerdings nicht negativ auf das Wahlergebnis auswirkte, da in der Türkei die Mehrheit der Bevölkerung mit dem Islam offensichtlich keine Probleme hat.

Die Debatte um den Islam in Deutschland wurde gewissermaßen parallel zum innertürkischen Diskurs in die deutsche Politik hineingetragen.

Das Interessante dabei ist, dass die Hauptakteure, die den Nährboden für eine breit angelegte Islamophobie bereiten, meist selbst Migranten sind. Diese nennen sich Islamkritiker. Der eigene Migrationshintergrund scheint sie gewissermaßen als »moderne« Türken geradezu zu Islam-Experten zu prädestinieren und gleichzeitig von jeglicher Form von Islamphobie freizusprechen. So äußern sich in den Talk-Runden in den öffentlichen Medien immer wieder dieselben Personen über aktuelle Themen zum Islam, ohne sich jemals in irgendeiner Weise näher mit islamischer Religion oder Islamwissenschaften beschäftigt zu haben. Ein Beispiel hierfür ist Necla Kelek, die nach diesbezüglichen aktuellen Ereignissen immer wieder mit ihren gebetsmühlenartigen Unterstellungen gegenüber den Muslimen die Titelseiten der Printmedien füllt. Das Interessante dabei ist, dass diejenigen so genannten »Islamexperten«, die vehement die Distanzierung zur fundamentalistischen Lesart des Korans einfordern, gleichzeitig selbst nur eine fundamentalistische Lesart des Koran als die eigentliche Botschaft gelten lassen, um damit zu belegen, dass die Wurzel des Übels ausschließlich im Heiligen Buch zu suchen sei. Muslime, die bekunden, dass die Einhaltung und Achtung der Menschenrechte nicht im Widerspruch zum Koran steht, werden von dieser Seite als Taktiker diffamiert. Dies führt zu der paradoxen Situation, dass beispielsweise Muslime, die die Gleichberechtigung der Frau im Koran verankert sehen wollen, sowohl von fundamentalistisch orientierten Muslimen als auch von so genannten »aufgeklärten« Menschen, die sich als »Islamexperten« ausgeben, auf eine Richtung festgelegt werden: Nämlich dass der Koran keine andere Deutung als eine fundamentalistische zulässt.

Diese islamophobe Haltung eines geringen Teils der türkischen Elite, die sich teilweise als Vertreter der so genannten »schweigenden Mehrheit« gerieren, ohne dass sie von dieser »schweigenden Mehrheit« ein Mandat erhielten, traf in Deutschland auf einen fruchtbaren

Nährboden. Die Diskussionen um das Kopftuch, Zwangsverheiratungen und Ehrenmorde hatten hier bei der Konstruktion des Feindbildes Islam eine zentrale Rolle gespielt, hatte man doch mit dem Vorwurf der Unterdrückung der Frau im Islam jetzt »das zentrale Thema« gefunden, womit man sich als Träger »höherer Werte« die Legitimation sicherte – ohne sich dem Vorwurf der Islamfeindlichkeit oder Fremdenfeindlichkeit auszusetzen – und seinen vorurteilsbeladenen Selbstgewissheiten freien Lauf lassen konnte. Angesichts solcher Diskursverschränkungen konnten dann die eigentlichen Gründe für die unbestreitbaren Konflikte im Integrationsdiskurs, die weiterhin in sozialen, ökonomischen und patriarchalischen Deutungsmodellen sowie in einer strukturellen Diskriminierung zu suchen sind, erfolgreich konterkariert werden.

Das Interesse an solchen populistischen Positionen zum Islam zeigt nicht nur die Unbeholfenheit einiger Nicht-Muslime im Umgang mit dem Islam, sondern auch den Kampf um Anerkennung unterschiedlicher Migrantenverbände, die irgendwie mit dem Islam in Verbindung zu stehen scheinen, ohne davon gleichsam »infiziert« werden zu wollen. Was sich in diesem Diskurs im ersten Augenblick als ein Ringen um demokratische Werte präsentiert, entpuppt sich bei genauerem Hinsehen als ein Ringen um Anerkennung. Demnach sind weniger kulturelle oder religiöse Differenzen und mangelndes Verstehen zwischen den Kulturen oder den Religionen für Fremdheit verantwortlich als vielmehr eine ökonomische, politische sowie rechtliche Ungleichbehandlung bzw.

abstrakte Strukturmerkmale moderner Gesellschaften (vgl. Scherr 1999, S. 55 f.).

Die Einsicht, dass Deutschland ein Einwanderungsland ist, hat diesen Kampf noch verschärft. Am besten geht es in diesem Verteilungskampf denjenigen, die absolut assimiliert sind. Für diejenigen, die sich in dieser Frage sachlich informieren möchten, ist es vor dem Hintergrund dieser Unübersichtlichkeit unterschiedlichster, sich widersprechender Positionen und Meinungen mit absolutem Wahrheitsanspruch schier unmöglich, sich einen realistischen Überblick zu verschaffen, geschweige denn, einer bestimmten dogmatisch vorgetragenen Ansicht Glauben zu schenken. Aber so viel kann mit Sicherheit gesagt werden: In Deutschland scheint sich weniger ein Kampf der Kulturen abzuzeichnen als vielmehr ein Kampf um Privilegien und Anerkennung.

Von äußerster Wichtigkeit bleibt trotzdem und nach wie vor die Zurückweisung und Bekämpfung von feindlichen Positionen gegenüber demokratischen Grundwerten, ganz gleich ob diese in Form von Fremdenfeindlichkeit, Rassismus, Antisemitismus, Islamfeindlichkeit oder in Gestalt einer generellen antiwestlichen Haltung in Erscheinung treten. Gemeint sind in diesem Zusammenhang besonders diejenigen, die »den Westen« zum großen »Satan« erklären und die Ursache allen Übels in der westlichen Lebensweise ausmachen wollen. Hier ist es absolut notwendig, dass diesen Positionen von politischen Vertretern und von zivilgesellschaftlichen Organisationen sowie religiösen Gemeinschaften jeglicher Couleur unmissverständlich eine Absage erteilt wird, wie dies beispielsweise Petra Roth in ihrer Funktion als Oberbürgermeisterin von Frankfurt am Main am 20. Oktober 2007 auf einer Gegendemonstration, die sich gegen den Aufmarsch der NPD im Frankfurter Stadtteil Hausen richtete, eindeutig zum Ausdruck brachte, indem sie sich in die vorderste Reihe des Demonstrationszuges stellte. Das jüngste Beispiel eines Moscheebauprojekts in Frankfurt macht somit große Hoffnung, da es sich gezeigt hat, dass die antiislamische Polemik hier kaum einen Nährboden finden konnte. Die überwältigende Solidarität aller demokratischen Parteien, Kirchen und herausragender Persönlichkeiten und Institutionen zeigt, dass Frankfurter Bürger offenbar sehr sensibel sind, wenn es um Rassismus und Fremdenfeindlichkeit geht. Diese positiven Entwicklungen sollten stabilisiert und weiter gefördert werden, indem beispielsweise die notwendigen Mittel für den weiteren Ausbau einer produktiven Jugendarbeit bereitgestellt werden. Zeigen doch einschlägige soziologische Untersuchungen, dass rassistische Haltungen insbesondere dort gedeihen, wo Existenzängste und Perspektivlosigkeit aufgrund ökonomischer und sozialer Benachteiligung mit dumpfen menschenfeindlichen Parolen zusammentreffen. Folglich sind Rassismus und Fremdenfeindlichkeit kein ethnisches, sondern ein strukturelles Problem, weshalb hier primär den Entstehungsbedingungen von Benachteiligungen als Basis rassistischer Positionen auf den Grund gegangen werden muss.

Ein anderer Aspekt ist die Tatsache, dass die von Diskriminierung benachteiligten Gruppen wiederum selbst Akteure von Diskriminierung sein können, wie wir dies im zunehmenden Antisemitismus von Jugendlichen mit Migrationshintergrund, insbesondere aus dem arabischen Raum, erleben, wenngleich der Islam selbst hier keinen tragenden Nährboden für solch eine Gesinnung bietet. Gerade deshalb ist es aber wichtig, dass Fremdenfeindlichkeit, Rassismus oder Antisemitismus nicht nur als ein Problem der Deutschen oder einer anderen Ethnie oder Religion behandelt wird, sondern deren Bekämpfung als gesamtgesellschaftliche Aufgabe verstanden wird. Eine moralische Annäherung, die die Deutschen als diejenigen festlegt, die ihre Minderheiten diskriminieren, verkennt nur allzu leicht, dass eben gerade diskriminierte Personen die Diskriminierung an solche Menschen weitergeben, die in der gesellschaftlichen Hierarchie noch weiter unten angesiedelt sind als sie selbst. Folglich sind eben von Diskriminierung Betroffene nicht von der Aufgabe befreit – und dies gilt auch für die organisierten islamischen Verbände –, sich als Minderheit in gleicher Weise kritisch mit Vorurteilsstrukturen und Rassismus in der eigenen Ethnie zu befassen und ihr entschieden entgegenzutreten, auch wenn den Einheimischen eine größere Verantwortung zuteil wird, weil sie eben über größere Ressourcen verfügen und sich in einer machtvolleren Position befinden.

Der beste Weg zur Bekämpfung menschenfeindlicher Haltungen ist und bleibt die Fähigkeit zur Selbstreflexion, zur Selbstkritik und dem Anderen zuzuhören. Auch wenn man die Kritik der Gegenseite zunächst nicht teilt, entspricht dies einer Geisteshaltung, die dem Anderen

Respekt zollt. Deshalb gilt für mich, dass in der Kritik des Anderen immer auch ein Teil Wahrheit enthalten ist, sind doch die Menschen die Konstrukteure ihrer Erlebnis- und letztlich auch der wahrgenommen Welt.

Ich erinnere mich in diesem Zusammenhang daran, dass ich vor 15 Jahren mit großer Überzeugung behauptete, dass der schiitische Islam nicht zu den rechtmäßigen islamischen Rechtsschulen gehöre, die ich aus dem sunnitischen Islam kannte. Über den schiitischen Islam, von dem ich bis zur islamischen Revolution im Iran nichts gehört hatte, las ich damals einiges in türkischer Sprache und übernahm diese Positionen zunächst völlig unkritisch. Erst Jahre später, nach der Machtübernahme durch Großajatollah Chomeini und mit den aggressiven Bildern über das iranische Volk in den Medien, befasste ich mich mehr und mehr mit dieser Glaubensrichtung. Ich war erleichtert darüber, dass ich in verschiedenen, von Sunniten verfassten Büchern lesen konnte, dass genau diese Richtung des Islams keine rechtmäßige islamische Rechtsschule sei, sondern eine Irrlehre innerhalb des Islams. Damals wäre mir nicht in den Sinn gekommen, diese Position in Frage zu stellen. Ich war sehr erleichtert darüber, dass Menschen, die ein totalitäres System unterstützen, keine »richtigen« Muslime seien. In dieser Zeit wurde ich von meiner nichtmuslimischen Umwelt immer wieder darauf hingewiesen, dass die Missstände dort in der Lehre des Islams begründet seien. Durch die vorwurfsvollen Fragen über den Islam sah ich mich mehr und mehr dazu aufgefordert, diese Fragen zu beantworten, und nahm dabei gegenüber dem Islam eine Verteidigungshaltung ein. Die

Positionen, die den schiitischen Islam als Irrlehre beschrieben, waren damals für mich ein Fluchtpunkt. Denn es war sehr einfach, »das Böse« aus dem Eigenen zu verbannen und dem Anderen des Eigenen zuzuschreiben, damit das Eigene weiterhin als das Ideale existieren konnte. Schwieriger ist es jedoch, das Unzulängliche im Eigenen zu betrachten und es dort zu bekämpfen. Ich projizierte damals alles »Schlechte« in den schiitischen Islam und glaubte auf diese Weise, das Problem für mich gelöst zu haben, ohne am Wahrheitsgehalt dieser Positionen zu zweifeln oder in ihnen eine politische Absicht zu erkennen. Heute ist es für mich selbstverständlich, dass es die »Bösen« oder die »Guten« per se nicht gibt. Die Konflikte im Nahen Osten sind kein schiitisches oder muslimisches Problem. Jedes Glaubenssystem sowie jede Ideologie lässt sich für politische Ziele missbrauchen. Vielleicht gilt dies mehr für Religionen denn für Ideologien, weil sie doch ihren absoluten Wahrheitsanspruch auf einen Schöpfer-Gott zurückführen. Dennoch ist äußerste Vorsicht geboten, wenn einer Kultur oder einer Religion bestimmte Missstände als unveränderbare bzw. in ihrem Wesen begründete Eigenschaften zugeschrieben werden, womit u.a. Ethnisierung von Gewalt betrieben werden kann. Unbeachtet bleibt dabei, dass in dieser undifferenzierten Blickbeschränkung Gewalt und Unterdrückung lediglich ein Problem des »Anderen« bleibt mit der Tendenz, Gewalt im eigenen Kulturkreis auszublenden. Auf diese Weise bleibt das »Humane« lediglich dem Eigenen zugeordnet und das inhuman »Böse« kann dem Anderen per se zugeschrieben werden.

Mit dieser religiösen Assoziierung des »Eigenen« mit dem »Guten« und des »Anderen« mit dem »Bösen« hat man dann die moralische (Schein-)Legitimation, das Andere mit allen Mitteln zu bekämpfen.

Anmerkungen

(1) Als Beleg dieser These weisen verschiedene aktuelle Verfassungsschutzberichte (z.B. Baden-Würtenberg und Hessen) hin, die insbesondere dem hier genannten »Typus« besonderes misstrauisch begegnen, da sich hinter einer lediglich scheinbar bekundeten Verfassungstreue ein heimlicher Islamismus verberge.

(2) Es sollte in diesem Zusammenhang allerdings nicht unerwähnt bleiben, dass der jüdische Schriftsteller Rafael Seligmann Giordano darauf hinwies, dass er hierbei dieselbe Argumentation verwende wie »dumpfe Neonazis«, deren Vorväter mit derselben Infamie einst ihre Judenfeindschaft mit all ihren Folgen begründet hätten.

Literatur

Bauman, Z.: Dialektik der Ordnung. Die Moderne und der Holocaust. Hamburg 1994

Bauman, Z.: Moderne und Ambivalenz. In: Bielefeld, U. (Hrsg.): Das Eigene und das Fremde. Neuer Rassismus in der Alten Welt? Hamburg 1998

Groh, D.: Anthropologische Dimensionen der Geschichte. Frankfurt/Main 1992

Huber, W. in: www.ekd.de/aktuell_presse/news_2007_10_15_3_huber_moscheebau.html [04.01.08] 2007

Kliche, Th.: »Islam« in Stereotyp, Fluktuat und Matrize. In: Wasmuth, J. (Hrsg.): Zwischen Fremd- und Feindbildern – Interdisziplinäre Beiträge zu Rassismus und Fremdenfeindlichkeit. Münster 2000

Luhmann, N.: Soziale Systeme. Grundriß einer allgemeinen Theorie. Frankfurt/Main 1987

Scherr, A.: Inklusion / Exklusion – soziale Ausgrenzung. Verändert sich die gesellschaftliche Funktion Sozialer Arbeit? In: Treptow, R./Hörster, R. (Hrsg.): Sozialpädagogische Integration. Weinheim/München 1999

Die Widerstandskraft des Türkischen

Gürsel Köksal

Türkisch sollte als Kommunikationssprache künftiger Generationen der in Europa lebenden, aus der Türkei stammenden Gruppen erhalten bleiben, deshalb muss es allen Verdrängungstendenzen Widerstand leisten. Insbesondere in Deutschland gab es in den letzten Jahren Debatten über die türkische Sprache, die sie als einen die Integration hemmenden Faktor diffamierten. In manchen Städten wurde es Kindern nichtdeutscher Muttersprache verboten, auf dem Schulhof und im Kindergarten ihre Muttersprache zu sprechen, vielerorts gibt es Bestrebungen, die es erschweren sollen, dass gerade türkische Kinder ihre Muttersprache, Türkisch, (er)lernen. Allen Verdrängungs- und Unterdrückungsmechanismen, aber auch allen Erwartungen zum Trotz, dass immer seltener Türkisch gesprochen werde, muss diese Sprache Widerstand leisten, indem sie sich weiterentwickelt und verbreitet.

Frankfurt spielt in dieser Sache – oder wenn man so will: bei diesem Widerstand – eine sehr wichtige Rolle. Diese Stadt hat sich in 30 Jahren als Zentrum der türkischsprachigen Medien in Europa entwickelt. In vielen Städten in der Frankfurter Umgebung, nämlich in Neu-Isenburg, Mörfelden-Walldorf, Dreieich und Zeppelinheim, haben die wichtigsten und größten türkischen Printmedien ihren Europasitz. Seit mehr als 30 Jahren werden hier türkische Tageszeitungen produziert und in ganz Europa verteilt. Journalisten und Medienschaffende sind sich zwar ihrer Aufgabe, das Türkische zu pflegen, nicht vollends bewusst, dennoch sind ihre Medien »Vorkämpfer des sprachlichen Widerstands«.

Im Bemühen um die Steigerung der Umsätze und dem damit verbundenen Streben nach stärkerer Verbreitung stellen diese Medien allein mit ihrem periodischen Erscheinen auf Türkisch eine »Widerstandsfront« dar. Obwohl die türkischen Medien unterschiedliche Weltanschauungen und politische Meinungen vertreten, lässt die kreative Kraft hunderter Zeitungsmacher Frankfurt zu einem Zentrum der türkischen Sprache werden.

Natürlich genügen eine solch zufällig entstandene Ballung und dieser nicht bewusst geleistete Widerstand nicht, um die Zukunft des Türkischen in Deutschland zu sichern. Allerdings sollen in diesem Beitrag weder dieser Widerstand noch die Gründe, warum er nicht stark genug ist, erörtert werden.

Worauf hingewiesen werden soll, ist die herausragende Stellung der Stadt Frankfurt im Verhältnis zu allen anderen europäischen Städten und die Rolle, die diese Stadt und ihre Umgebung für Türken und für die türkische Sprache innehat.

Aus deutscher Sicht nimmt Frankfurt in der Geschichte einen wichtigen Platz ein: nicht nur als Finanzmetropole, als internationale Messe- und Handelsstadt und als Verkehrsknotenpunkt, sondern auch als ein Ort wichtigen politischen Widerstands und bedeutender Aufbruchsbewegungen, insbesondere wenn man an Stichworte wie Bürgerrevolte, Paulskirche, Frankfurter Schule, 68er-Bewegung, die Grünen, Multikulturalität denkt. Und

Frankfurt ist neben Hamburg, Berlin, Köln und München ein wichtiges deutsches Medien- und Verlagszentrum.

Diese Stadt ist in Deutschland sicherlich nicht der wichtigste Medienstandort, für die Türken in Europa aber sehr wohl: Türkische Medienunternehmen haben im Frankfurter Umland mehrere Millionen investiert; sie stehen miteinander im Wettbewerb und müssen sich behaupten. Hunderte von Medienschaffenden leben hier, deren Tätigkeit der Umgang mit der türkischen Sprache ist.

Diese Entwicklung begann in den 1960er Jahren mit der Arbeitsmigration aus der Türkei. Kurze Zeit nach Beginn dieser Migration hat sich das Bedürfnis der Arbeiter, die sich anfänglich als »Gäste« empfanden und auch als solche angesehen wurden, nach Informationen aus der Heimat vergrößert. Als Konsequenz daraus folgte den Arbeitern die »Medienmigration«. Bis Ende der 60er Jahre war – für kurze Zeit – München das Zentrum für Medien aus der Türkei. So wurden die ersten gedruckten türkischen Zeitungen nach München geliefert und von dort aus in ganz Deutschland verteilt. Es gab auch Versuche, die Zeitungen in München zu drucken und sie von dort aus zu verteilen. Doch Frankfurt wurde wegen seiner günstigen geographischen Lage, der besseren Erreichbarkeit und der besseren Vertriebswege schon nach kurzer Zeit bevorzugt, und die Stadt rückte in den Mittelpunkt des Interesses türkischer Medienmacher. Man investierte in und um Frankfurt in Anlagen, um Zeitungen, die in der Türkei zusammengestellt wurden, zu drucken und zu verteilen. Auf diese Weise kamen viele türkische Journalisten, Techniker und Drucker nach Deutschland.

Mit der Zeit verlagerte sich das Gewicht der Medienproduktion an die Peripherie von Frankfurt, nach Zeppelinheim und Neu-Isenburg. Den Anfang machten die Tageszeitungen Hürriyet und Tercüman, dann folgten Milliyet, Cumhuriyet, Sabah, Star, Günaydın, Zaman, Bugün und weitere Presseorgane. Alle wurden in Neu-Isenburg und Zeppelinheim gedruckt und von hier aus an Abonnenten und Verkaufsstellen ausgeliefert. Mit der zunehmenden Zahl der Zeitungen nahm auch die Zahl der Journalisten und Zeitungsmacher (Grafiker, Drucker, usw.) aus der Türkei weiter zu. Entwicklungen und Ereignisse in der Presselandschaft der Türkei spiegelten sich umgehend in Deutschland. Die radikale Umstrukturierung der türkischen Medienlandschaft von einer traditionellen zu einer anderen Produktionsweise wirkte sich auch auf die türkischen Zeitungen in Deutschland aus. Die türkische Medienlandschaft war in den Anfangsjahren der Türkischen Republik eine ganz andere, die Besitzer waren selbst Journalisten. Diese Strukturen wurden von etwas Neuem abgelöst, als große Wirtschaftsunternehmen zu Medieninhabern wurden. Man hat diese Entwicklung auch in Deutschland erlebt. Anlagen in Frankfurt, in die man zuvor Millionen Mark investiert hatte, wurden auf Beschluss der neuen Besitzer in Istanbul über Nacht geschlossen. In Istanbul entstand ein neues Medienzentrum im Stadtteil Ikitelli. Man investierte in riesige neue Anlagen, und die türkischen

Medien wurden von nun an hochtechnologisch gestaltet. In Deutschland wurden sie von Zeppelinheim nach Mörfelden-Walldorf verlagert, ebenfalls in der Nähe von Frankfurt. Im Industriegebiet dieser Stadt wurden enorme Investitionen getätigt, so dass hier große Medienanlagen entstanden.

Dieser Prozess veränderte auch das Gewicht und den Inhalt der Zeitungen, man richtete sich mehr und mehr an lokalen Themen aus. Gleichzeitig mit der Erweiterung der Anlagen wurden auch die Redaktionen ausgebaut und aufgestockt. Es entstanden Nachrichten- und Chefredaktionen, die einen erheblichen Teil der türkischen Zeitungen vor Ort produzierten. Die Zeitungen, die anfangs lediglich den »Gastarbeitern« Nachrichten aus der Heimat zu vermitteln suchten, berichteten nun auch über Ereignisse in Deutschland, weil die »Gastarbeiter« begriffen, dass sie dauerhaft bleiben würden. Der Anteil an Nachrichten aus Deutschland und Europa wuchs deshalb ständig. Inzwischen beinhalten türkische Zeitungen in Europa von Istanbul unabhängige und nur auf die Bedürfnisse der hier lebenden Menschen ausgerichtete Seiten und Beilagen. Fast alle Zeitungen haben hier Redaktionen mit eigenen Journalisten und Korrespondenten in den meisten Städten Europas.

Neben Zeitungen wie Hürriyet, Milliyet, Cumhuriyet, Sabah, Türkiye, Zaman, Milli Gazete und Evrensel, die in ganz Westeuropa verteilt werden, wurden in Deutschland auch lokale Gratiszeitungen gegründet. Sie sind ganz auf das Leben in der näheren Umgebung ausgerichtet.

Der Ausbau der Medienlandschaft ist auf einem vorläufigen Höhepunkt angelangt, deshalb nimmt die Zahl der Journalisten aus der Türkei immer weiter ab, und es arbeiten dort immer mehr Menschen mit Migrationshintergrund, deren Eltern also als Arbeitsmigranten nach Deutschland kamen.

Frankfurt war für all diese dynamischen Entwicklungen ein wichtiger Ort. Trotzdem spielt Frankfurt für die türkische Kultur keine besondere Rolle. Doch zurzeit, während Frankfurt sich darauf vorbereitet, während der Buchmesse 2008 Gastgeber für die türkische Literatur und Kultur zu werden, fällt die schwache intellektuelle Leistung der Medienverlage ins Auge, die sich seit den 1970er Jahren hier ansiedelten. Erst recht, wenn man die Leistungen türkischer Intellektueller im 19. Jahrhundert mit denen von heute vergleicht. Die türkischen Intellektuellen hatten im 19. Jahrhundert in Paris, London und anderen europäischen Städten mit ihren Veröffentlichungen und Zeitungen in Europa einen wichtigen Beitrag zur Aufklärung in der Türkei (Osmanisches Reich) geleistet. Hält man sich dies vor Augen, wird die Enttäuschung, die man in Frankfurt empfindet, verständlicher ... In diesem Zusammenhang stimmen jüngste Entwicklungen dennoch leise hoffnungsvoll und lassen die Erwartung reifen, dass die türkischen Medien doch noch einen bleibenden Beitrag zum Kulturleben Frankfurts zu leisten vermögen. Wahrscheinlich wird das aber noch einige Zeit in Anspruch nehmen.

Frankfurt seinerseits, dessen Beziehungen zu den Türken Jahrhunderte zurückreichen, hat die Entwicklung des türkischen Verlagswesens, die in den letzten 40 Jahren vor seinen Toren stattfand, nicht wahrgenommen. Andererseits hat Frankfurt während dieser Zeit auf seine Weise das kulturelle Leben in der Türkei beeinflusst. Zum Beispiel wurden in dieser Stadt, die durch die internationale Buchmesse einmal im Jahr zum Zentrum des Verlagswesens wird, zwei wichtige türkische Schriftsteller in den Mittelpunkt der Aufmerksamkeit gestellt. 1997 erhielt Yaşar Kemal, 2005 Orhan Pamuk den wichtigsten deutschen Literaturpreis, den Friedenspreis des Deutschen Buchhandels. Dieser Preis hat beide Autoren, die mit ihrer oppositionellen Haltung auf Probleme in ihrem Land aufmerksam gemacht haben, in ihrem Bestreben gestärkt. Nicht nur sie, auch andere türkische Intellektuelle und die Meinungs- und Redefreiheit in der Türkei im Allgemeinen wurden durch diese Preise gestärkt.

Auch die Verleihung des Internationalen Preises für Pressefreiheit an die Verlegerin Ayşe Nur Zarakolu während der Buchmesse 1998 war eine Anerkennung für das türkische Kulturleben. Außerdem machte das Ausreiseverbot für Ayşe Nur Zarakolu, das trotz aller Demokratisierungsbeteuerungen der damaligen türkischen Regierung verhängt wurde, darauf aufmerksam, wie sehr das Freiheitsdenken in der Türkei auf internationale Solidarität angewiesen ist. Überdies geschah dies zu einer Zeit, als Orhan Pamuk die Frage »Warum zeigen Deutsche kein Interesse an türkischen Schriftstellern?« mit dem Satz beantwortete: »Weil wir Türken für euch Deutsche diejenigen sind, die eure Straßen kehren.«

Eine Bewertung der letzen Jahre in den fünfhundertjährigen Beziehungen der Stadt Frankfurt zu den Türken wäre ohne eine Betrachtung der hiesigen türkischen Medienlandschaft und des Einflusses der Stadt auf türkische Schriftsteller und Verleger unvollständig. Natürlich bergen diese langjährigen Beziehungen auch viele andere Dimensionen. Um nur einige wenige zu nennen: Bei der Inthronisierung deutscher Kaiser waren aus Istanbul gesandte Botschafter anwesend (zum ersten Mal 1562). Von dieser Geste des osmanischen Sultans, der für die Zeremonie eine Janitscharenkapelle nach Frankfurt gesandt hatte, berichten zeitgenössische Chroniken.

Vor allem aber sind es die wirtschaftlichen Beziehungen zwischen den beiden Ländern, die immer intensiver werden. Auch das hat eine lange Tradition. Zwei große Institutionen mit Sitz in Frankfurt, die Deutsche Bank und die vor einiger Zeit in Konkurs gegangene Philipp Holzmann AG, waren Ende des 19. und Anfang des 20. Jahrhunderts wichtige Akteure der Orientpolitik des Deutschen Kaiserreiches.

Eine andere, weniger bekannte Dimension ist: Während der NS-Diktatur war die Türkei Zufluchtsort für viele deutsche Flüchtlinge. Unter ihnen waren auch einige Frankfurter wie der Dirigent und Komponist Paul Hindemith und der Wirtschaftswissenschaftler Fritz Neumark.

Man sollte sich auch vor Augen halten, dass Türken, die nach 1960 als Arbeiter hierher kamen, mithalfen, die vom Krieg zerstörte Stadt wieder aufzubauen. Sie waren mit ihrer Arbeitskraft daran beteiligt, dass Frankfurt seinen Platz unter den wichtigsten internationalen Metropolen wieder einnehmen konnte.

Einige Autoren wie Ahmet Haşim oder Orhan Pamuk haben in ihren Werken Frankfurt behandelt.

Frankfurt bereitet sich derzeit auf seine Rolle als Gastgeber für die türkische Literatur und Kultur vor, die es anlässlich der Buchmesse 2008 übernehmen wird. Die sich seit 40 Jahren hier entwickelnden türkischen Medien und Verlage werden dabei immer noch übersehen. Andererseits konnten diese Medien bisher keine über das Tagesgeschäft hinausgehende Wirkung erzielen, die das kulturelle Leben dieser Stadt nachhaltig bereichert hätte.

Genau jetzt ist jedoch der richtige Zeitpunkt, um in Frankfurt auf die Türkei, die »hier« ist, aufmerksam zu machen. Und auf die Bedeutung des Türkischen. Die türkischen Medien, die Zeitungen und die Journalisten, haben dies bisher nicht geschafft. Aber für die Zukunft ist es nicht ausgeschlossen.

Türkisch als wichtige Kommunikationssprache anzuerkennen ist dabei weniger wichtig, als die Sprache als Bereicherung anzusehen. Und zu respektieren, dass das Türkische ein wichtiger Teil des hiesigen Lebens ist und es auch bleiben wird. Es muss darauf hingewiesen werden, dass sich diese Tendenz in Zukunft sicher noch verstärken wird. Die türkische Sprache wird sich auch in Europa weiterentwickeln und sich sogar weiter verbreiten.

Die Türken in Frankfurt und deren deutsche Freunde werden also in Zukunft sehr viel zu tun haben …

Aus dem Türkischen von Hilmi Tozan

Meine Stadt

Rüçhan Krusche

Nach zwei Nächten und fast drei Tagen Fahrt durch das kommunistische Bulgarien, durch Jugoslawien und Österreich kam ich voller neuer Eindrücke am Frankfurter Hauptbahnhof an.

Unbekannte Orte wirken in der Nacht geheimnisvoller und fremder. Der Bahnhof schien mich an dem Abend des 6. Oktober 1962 als »Fremde« erkannt zu haben und wirkte kalt und abweisend. Ich fühlte mich in dieser grauen, stummen Umgebung wie in einem Traum ohne Bezug zur realen Welt, bis ich meinen Vater in der Menge entdeckte, der gekommen war, um mich abzuholen.

Als wir den Bahnhof mit seinen grauen Farbtönen, mit den in ihre dunklen Anzüge und Mäntel gehüllten, eilig und ernst zu ihren Zielen eilenden Menschen verließen und in Richtung Friedberg weiterfuhren, änderte sich zwar das Bild, nicht aber die Stimmung.

Eine schöne glatte Straße führte uns durch die Orte mit ihren ordentlich nebeneinander aufgereihten Häusern. Alle Rollläden waren heruntergelassen und dicht verschlossen. Nirgendwo war Leben zu erkennen. Weder auf den Straßen noch in den Häusern. Keine Menschen, keine Bäume, nicht einmal eine Katze waren zu sehen. In der grauen, dunklen Nacht war die einzige Farberscheinung das gelbe Licht der Straßenbeleuchtung.

Meine Familie wohnte damals in der Nähe von Friedberg, wo meine Schwester zur Schule ging (damals als einzige türkische Schülerin überhaupt). Unsere Wohnung lag im Erdgeschoss eines zweistöckigen Hauses. Eine Drei-Zimmer-Wohnung, die mit Ölöfen beheizt wurde. In Istanbul hatten wir bis dahin in größeren Wohnungen mit Zentralheizung gewohnt, und besonders für unsere Eltern war es schwierig, sich der neuen Situation anzupassen. Dazu kam, dass der Winter 1962/63 sehr streng war.

Für die Dorfbewohner waren wir natürlich völlig fremd. Wir waren Exoten. Viele hatten vielleicht schon etwas über Türken gehört. Immerhin war das Osmanische Reich im Ersten Weltkrieg Verbündeter der Deutschen gewesen und hatte gemeinsam mit ihnen den Krieg und dabei große Teile seines Territoriums verloren. Aber niemand in diesem Dorf war bisher einem Türken begegnet. Wir wurden neugierig angeschaut. Ich war genauso interessiert an den Deutschen wie sie an mir. Alles, was ich bisher in der Türkei über Deutschland erfahren hatte, war natürlich bruchstückhaft.

Das Wort »Alman« prägt meine frühesten Erinnerungen. Als kleines Mädchen spürte ich die Unruhe im Haus, wenn sich die Erwachsenen mittags und abends vor dem Radio versammelten und mit ernsten Mienen die Nachrichten verfolgten. Da hörte man sehr oft das Wort »Alman«. Für mich war das Wort bedeutungslos. Ich merkte nur bei den Diskussionen, die auf die Nachrichten folgten, dass es irgendetwas sehr Wichtiges sein musste.

Den ersten »Alman« hatte ich als drei- oder vierjähriges Mädchen in der Mühle meines Großvaters gesehen, vermutlich ein Flüchtling aus Deutschland. Die Türkei hatte während des Zweiten Weltkrieges viele deutsche Flüchtlinge aufgenommen. Außerdem hatte unsere Familie schon länger guten Kontakt zu einer Braunschweiger Maschinenfabrik für Mühlenzubehör. Welcher Weg meinen damaligen Freund zu uns geführt hatte, weiß ich nicht. Meine Erinnerung ist die einer großen Traurigkeit, die ihn umgab und die selbst von einem kleinen Kind wie mir wahrgenommen werden konnte. Ich saß stundenlang auf seinen Knien, er bastelte mir Puppen aus Holz, und keiner von uns sprach ein Wort.

Ein paar Jahre später, in Ankara, saß Peter, ein deutscher Schüler, neben mir. Er hatte hellblondes Haar und unendlich lange Beine, die bis unter den Stuhl vor ihm reichten. Ich mochte diesen lustigen Jungen, der viel Unsinn in der Klasse machte, sehr.

Als die Lehrerin im Unterricht die europäischen Länder zur Auswahl als Referat anbot, entschied ich mich natürlich für Deutschland. Ohne zu wissen, dass es zu dieser Zeit zwei davon gab.

Als Literatur las ich dann viele Reiseberichte über Deutschland. Die meisten beschrieben das Deutschland vor dem Krieg. In diesen Schilderungen erfuhr ich von den gepflegten Parkanlagen mit großen alten Bäumen und von Eichhörnchen, die einem aus der Hand fraßen. Das war für mich als Türkin unvorstellbar, da Eichhörnchen bei uns als ›halbwilde‹ Tiere gelten. Von den schönen Alleen mit gepflegten Häusern aber konnte ich mir eher ein Bild machen, denn als Kind hatte ich einen Steinbaukasten geschenkt bekommen, mit dem man Backsteinhäuser mit Giebeln bauen konnte.

In der Nähe von Friedberg sah ich kaum Alleen mit Backsteinhäusern, aber in Bad Nauheim entdeckte ich im Kurpark die ersten von Ast zu Ast springenden Eichhörnchen. Damit war ein weiteres Bild in meinem Kopf an seinem Platz.

In dem Dorf, in dem wir wohnten, hatte ich genügend Zeit, die Umgebung in Augenschein zu nehmen. Alles war neu für mich. Ich kam aus einer türkischen Großstadt in ein deutsches Dorf der Nachkriegszeit. Das Tempo war ein ganz anderes. Die Straßen waren ruhig, Autos waren eine Seltenheit. Man fuhr eher mit dem Fahrrad. Laut rufende Straßenverkäufer wie in Istanbul fehlten ebenfalls.

Die Frauen im Dorf trugen Schürzen über ihren Kleidern oder ärmellose Nylonkleider, die man Kittelschürze nannte. Sie arbeiteten pausenlos. Wenn sie nicht Fenster putzten (was sie sehr oft taten), kehrten sie mit riesigen Besen die Straße vor ihren Häusern, hin und her.

Mit uns hatten sie keinen Kontakt. Betraten wir das Lebensmittelgeschäft, spürten wir die Stille. Alle Gespräche verstummten. Man drehte sich zu uns um und grüßte mit einem »Guten Tag«, obwohl man uns nicht kannte. So war »Guten Tag« das Erste, was ich neben »bitte schön« und »danke schön« auf Deutsch lernte.

Unseren einzigen Kontakt im Dorf hatten wir zu Adolf, einem Jungen, der in der Nachbarschaft wohnte. Er aß öfters mit uns. Manchmal mochte er das Essen, manchmal nicht, schwarze Oliven beispielsweise waren ihm ein Gräuel. Immer wenn er eine probierte, musste er sie wieder ausspucken.

Schon in der ersten Woche fuhren wir nach Frankfurt. Es war sehr kalt und neblig. Neben vielen neuen Häusern sah man auch noch Ruinen aus dem Krieg. Man sah Haushälften, die stehen geblieben waren, an den Brandmauern noch Tapetenreste mit den Umrissen der Möbel. Die größte Ruine, die ich sah, war die Alte Oper. Trotz seines gespenstischen Aussehens mit den aus den Mauern sprießenden Pflanzen hatte dieses Gebäude etwas von seiner alten Pracht bewahrt.

Die Hauptwache war der Hauptverkehrsknotenpunkt in der Innenstadt. Frankfurt hatte zu dieser Zeit noch keine U- und keine S-Bahn. Die Last des Verkehrs trugen Straßenbahnen und Busse. Von der Hauptwache konnte man sternförmig in Richtung Hauptbahnhof, Richtung Eschersheim und Taunus oder über die Zeil zum Zoo fahren. Obwohl die Zeil eine Verkehrsstraße war, herrschte dort keinerlei Hektik, alles bewegte sich gemütlich.

Die alten Straßenbahnen bestanden meist aus zwei Wagen. Eingestiegen wurde über ein Podest, bevor man durch eine Schiebetür in das Innere des Wagens gelangte. Ein Schaffner oder eine Schaffnerin, meist stämmige, freundliche Menschen, liefen mit dem Fahrkarten- und Geldkasten vor dem Bauch von hinten nach vorne und verkauften Fahrkarten. An den Haltestellen stiegen sie aus und kontrollierten, ob schon alle Passagiere eingestiegen waren, um dann in den schon wieder anrollenden Wagen einzusteigen.

Um Frankfurt zu erkunden, benutzten wir an jenem ersten Tag immer wieder die Straßenbahn, da wir die Entfernungen nicht einschätzen konnten. Zum Teil warteten wir in der Kälte länger auf die nächste Bahn, als wir gebraucht hätten, um unser Ziel zu Fuß zu erreichen.

Bis zu dieser Zeit hatte ich große Kaufhäuser, wie es sie in Frankfurt gab, nicht gekannt. In Istanbul gab es damals Geschäfte, die nach speziellen Waren sortiert waren. Zunächst erstaunte mich das auf mehrere Geschosse verteilte riesige Warenangebot sehr, dann kam ein Gefühl der Begeisterung auf.

Die Rolltreppen in den Kaufhäusern waren zwar einladend, aber wir nahmen lieber den Fahrstuhl, der häufig von Kriegsversehrten bedient wurde, die in meiner Erinnerung fast immer blaue Anzüge und Krawatten trugen und in jeder Etage meldeten, was das jeweilige Geschoss zu bieten hatte: »Erstes Geschoss: Miederwaren, Damenwäsche, Damenbekleidung«, »Zweites Geschoss: Herrenoberbekleidung, Hemden, Krawatten«, dann »Kinderkleidung« usw. Im fünften oder sechsten Stock kam endlich das Restaurant des Hauses. Das Lieblingsrestaurant der älteren Frankfurter und später auch meines befand sich auf der obersten Etage des ›Kaufhauses M. Schneider‹. Hier hatte man einen schönen Blick über die Stadt. Ältere Frankfurter aßen dort ihr Mittagessen, da dort schon damals »Schonkost« angeboten wurde. Nach der Schonkost aßen sie dann Türme von Sahnetorte und genossen »Kännchenkaffee«. Die älteren Damen waren chic gekleidet, fast alle mit schönen Hüten auf den blau-lila getönten Haaren. Die Herren trugen Anzug und Krawatte.

Ein paar Monate wohnte ich bei meinen Eltern, bis meine Tante aus Istanbul nach Frankfurt zog und ich bei ihr wohnen konnte. Sie hatte Arbeit im Krankenhaus der US-Army an der Friedberger Warte gefunden. Ich zog mit ihr nach Frankfurt, da ich in unserem Dorf keine Möglichkeit hatte, die deutsche Sprache zu erlernen. Das war Anfang des Jahres 1963.

Freunde hatten für uns in der Lersnerstraße, einer Querstraße zwischen Oederweg und Eschersheimer Landstraße, in einem mehrstöckigen Altbau eine Pension, vielmehr ein großes möbliertes Zimmer gefunden. Die Wohnung bestand aus mehreren Räumen, die durch große Türen miteinander verbunden waren. Die Vermieter wohnten in zwei oder drei Zimmern, zwei weitere hatten sie untervermietet. In einem wohnte ein junges Ehepaar, im großen, mittleren, meine Tante und ich. Bad und Küche wurden gemeinsam benutzt. An den dunklen Wintertagen klingelten morgens in den einzelnen Zimmern nacheinander die Wecker. Zuerst wurde die Mutter der Vermieterfamilie aktiv, danach das Ehepaar nebenan. Meine Tante verbrachte die Zeit bis zum Klingeln ihres Weckers mehr oder weniger im Halbschlaf im Bett. Dann erst war das Bad für sie frei. Die Kinder der Familie, zwei nette Jungen, Eckhard und Hagen, waren danach an der Reihe. Während meine Tante im Bad war, stand ich auf und bereitete für uns beide das Frühstück vor.

Nachdem alle Bewohner das Haus verlassen hatten, räumte ich unser Zimmer auf. Danach ging ich ins Arbeitszimmer der Wohnung, wo mir der Vermieter, ein Lehrer, eine Stunde Deutschunterricht gab. Das war meine erste systematische Begegnung mit der deutschen Sprache.

In der Küche durften wir zwar kochen, nicht aber exotische Speisen mit ungewohnten Gerüchen zubereiten. Vermutlich war damit auch Knoblauch gemeint. Obwohl

Knoblauch in der Küche unserer Familie nur sparsam verwendet wurde, verzichteten wir in der gemeinschaftlichen Küche fast völlig auf das Kochen. Ab und zu bereiteten wir uns eine Fertigsuppe, die wir bis dahin überhaupt nicht gekannt hatten, oder gelegentlich einmal ein Omelett zu.

Die nette, ruhige Mutter der Familie kam abends erschöpft nach Hause und bereitete schnell das Abendbrot zu. In dieser Küche begegnete ich zum ersten Mal in Scheiben geschnittener Blutwurst, die in der Pfanne gebraten wurde. Als Fett benutzte man Kokosfett, Palmin, das in Würfeln in die Pfanne gegeben wurde. Diese Kombination roch sehr eigenartig und streng.

Unser Wunsch nach eigenen vier Wänden war zwar sehr stark, doch damals war es fast unmöglich, etwas Passendes zu finden. Im Frühling 1963 überließ uns ein türkischer Freund seine Ein-Zimmer-Wohnung in der Klingerstraße. Wir hatten ein einziges Zimmer mit einem eigenen Bad und einer »Frankfurter Küche«. Diese Küche war so winzig, dass man alle Arbeiten schon durch leichtes Drehen des Oberkörpers erledigen konnte.

Wir hatten davor nicht gewusst, dass die Klingerstraße eine der berüchtigten Frankfurter Straßen war. Doch als wir es erfuhren, machte es uns nichts aus. Wir waren glücklich in diesem einen Zimmer. Ursprünglich hatte meine Tante in Istanbul eine Acht-Zimmer-Wohnung auf zwei Etagen bewohnt, ich selbst war in einer 200-qm-Wohnung aufgewachsen, so dass es doch eine sehr große Umstellung war. Doch sie fiel uns keineswegs schwer. Man passt sich erstaunlich schnell an.

Seit ich mitten in der Innenstadt lebte, machte ich Spaziergänge in der Umgebung und lernte bei diesen Erkundungen die Stadt kennen und lieben. Immer wieder zog es mich an den Main. Mich am Wasser aufzuhalten, den Wechsel vom harten Winter zum milden Frühling zu erleben war eine angenehme Erfahrung. Ich hatte aufgehört, in der Realität nach den Bildern zu suchen, die ich mir aus der türkischen Literatur erarbeitet hatte. Inzwischen hatte ich meine eigenen Bilder von dieser Stadt.

Der Deutschunterricht ging weiter, jedoch mit einem anderen Lehrer. Ein sehr netter Student setzte den Unterricht fort. Offenbar lernte ich bei ihm so viel, dass ich später am Goethe-Institut in die zweite Stufe aufgenommen wurde. Den Winter 1963/64 verbrachte ich noch in Frankfurt, um mein Deutsch zu verbessern. Meine Tante war allerdings der Ansicht, dass ich das auf diese Weise allein nicht schaffen würde. Deshalb nahm ich eine Stelle beim Postscheckamt an, um unter Menschen zu sein. Gleich am ersten Tag stellte ich fest, dass das eine schlechte Entscheidung gewesen war. Die Menschen um mich herum waren zur einen Hälfte türkischer und zur anderen Hälfte italienischer Herkunft. Von diesen Frauen Deutsch zu lernen war unmöglich. Der Vorarbeiter, Herr Adam, der jeden Morgen mit einem »Mosche« grüßte und sich mittags mit einem »Mahlzeit« verabschiedete, ließ ebenfalls nicht auf die Vermittlung der deutschen Sprache hoffen.

Im Sommer fuhr ich dann vom Frankfurter Hauptbahnhof aus wieder nach Istanbul. Diesmal erschien mir der Bahnhof freundlicher, lebhafter und heller. Es gab sogar liebe Menschen auf dem Bahnsteig, die mich verabschiedeten und mir nachwinkten.

Nach meinem Studium in Istanbul kam ich 1969 zum zweiten Mal nach Frankfurt, das sich in den dazwischenliegenden vier Jahren stark verändert hatte. Die Stadt war auf dem Weg, eine Bankenmetropole zu werden. Noch bestimmten die Hochhäuser nicht das Stadtbild, Baustellen aber gab es überall. Inzwischen war der U-Bahn-Bau in vollem Gange, man arbeitete noch an der Hauptwache, die ab- und später wieder aufgebaut werden sollte. 1968 fuhr die erste U-Bahn unter der Eschersheimer Landstraße. Die großen Bäume waren verschwunden, und die gemütliche Straßenbahn fuhr dort nicht mehr. U- und S-Bahn-Baugruben bestimmten nun das Straßenbild.

Sehr gut orientieren konnte man sich an den ersten beiden Hochhäusern, ›Philipp Holzmann‹ in der Taunusstraße und dem ›Zürichhochhaus‹ am Opernplatz. Bald fing dann der Wettbewerb unter den Frankfurter Banken an: »Wer hat das höchste Gebäude in Frankfurt?« Nacheinander wurden sie errichtet. Schnell hatte man Frankfurt den Namen ›Mainhattan‹ verpasst.

Wenn ich heute auf der Sachsenhäuser Seite am Mainufer stehe und auf Frankfurt schaue, besonders abends, sehe ich eine schöne, moderne Stadt, deren teilweise von weltbekannten Architekten geplanten Hochhäuser das Stadtbild bestimmen.

Nach dem Wiederaufbau der Alten Oper wurden, gleichzeitig mit dem U-Bahn-Bau, der Opernplatz und die Freßgass' neu gestaltet. Ähnlich wie vor dem Frankfurter Hof in der Kaiserstraße errichtete man auch vor der Oper einen schönen, runden Brunnen. Neue Cafés, Bistros und Restaurants umgaben den Opernplatz. Das erste »schöne« Hochhaus der Stadt, das Zürichhaus, wurde später leider abgerissen. Das gleiche Schicksal ereilte auch das Philipp-Holzmann-Haus in der Taunusstraße …

Die Zeil, die Haupteinkaufsstraße, ist heute Fußgängerzone. Doch ich vermisse den Charme der alten Zeil. Die Kaufhäuser zu beiden Seiten existieren weiter, wenn auch neu gestaltet und teilweise unter anderem Namen. Einfallslos finde ich die hintereinander aufgereihten Bäume und Pizzabuden. Nichtssagend und einfallslos wurde auch die Konstablerwache gestaltet. Ein kahler, wenig einladender Platz, der nur während der Marktveranstaltungen kurz auflebt.

Neben dem sich im Lauf der Jahre stark verändernden Stadtbild hat Frankfurt, wie andere Städte in Deutschland auch, zahlreiche, der Zeit entsprechende Veränderungen durchgemacht. Durch die sich rasch entwickelnden Kommunikationsmöglichkeiten verlor die Post ihre frühere Bedeutung. Die alte Hauptpost an zentraler Stelle auf der Zeil existiert nicht mehr. Dort hatte ich seinerzeit am Schalter angestanden, um Briefmarken zu kaufen, oder hatte im Tag und Nacht geöffneten Gang auf eine freie Telefonzelle gewartet, um in Istanbul anzurufen.

Das Flugzeug hat die Heimatfahrten mit dem Zug abgelöst. So dient der Bahnhof heute überwiegend Reisen innerhalb Deutschlands und in das näher gelegene europäische Ausland. Der Nahverkehr wird im Untergeschoss des Bahnhofs abgewickelt.

In den 60er und 70er Jahren war der Hauptbahnhof ein beliebter Treffpunkt für Gastarbeiter, hauptsächlich für die Männer. Sie verbrachten ihre Freizeit dort, tranken Kaffee, rauchten und standen stundenlang um Stehtische herum, um sehnsüchtig die abfahrenden und ankommenden Züge zu betrachten. Der Hauptbahnhof war ein Ort der Sehnsucht, des Heimwehs, der Verbindung zur Heimat. Hier waren sie angekommen, und in Gedanken führten die geraden Geleise sie in die Heimat zurück. Heute, am Flughafen, reißt diese Verbindung hinter der Glasscheibe der Passkontrolle ab. Man wird plötzlich unsichtbar.

Auch die Essgewohnheiten haben sich in den Jahren seit damals sehr verändert. Die Lokale der 60er und auch noch der 70er Jahre waren durchzogen von Maggigeruch. Auf Leinentischdecken standen in der Tischmitte Maggiflaschen neben Salz- und Pfefferstreuern. Auf den Speisekarten wurden Schnitzelvarianten angeboten, die nach den verschiedenen Soßen benannt wurden: mit Pilzen hieß es Jägerschnitzel und mit Paprika Zigeunerschnitzel.

Salate kannte man meist nur aus der Dose, aus geraspelten Möhren, Sellerie oder Weißkraut. Auf diese Variationen verzichtete ich fast immer, meine Lieblingssalate waren damals geraspelte Gurken in Sahnesauce mit Pfeffer oder ein einfacher Kopfsalat mit Schnittlauch. Rar geworden sind auch die riesigen Krautwickel mit Kümmel, Königinpastete, Königsberger Klopse mit Kapern oder sogar Rinderrouladen. Dafür ist die Auswahl heute international geworden. Anfangs eroberten die

Italiener die Gastronomie mit Pizza, die Jugoslawen und die Griechen schlossen sich mit ihren Spezialitäten an. Danach übernahmen die Türken die Imbissbuden, und es gab Döner Kebab statt des streng riechenden Schaschliks. Später kamen die Asiaten hinzu: Chinesen, Japaner, Koreaner, Vietnamesen, Inder und Thailänder. Jeder Deutsche weiß inzwischen, was Sushi ist. Salatbuffets bieten inzwischen die tollsten und frischesten Salatvariationen. Das alles ist eine große Bereicherung.

Eines ist aus deutschen Städten leider fast völlig verschwunden: der betörende Duft nach frisch aufgebrühtem Kaffee. In den Häusern und Büros roch es noch vor zwei Jahrzehnten morgens nach Kaffee. Aus den Cafés strömte immer ein unwiderstehlicher Kaffeeduft. Ich vermisse in Frankfurt die nacheinander verschwundenen klassischen Cafés. Das Café Kranzler an der Hauptwache, das Café Schwille in der Kaiserstraße und auf der Freßgass', das Operncafé und ganz besonders das Café Wipra an der Neuen Kräme. Dort waren in Wandnischen lebendige Tiere wie Fische, Affen und Vögel ausgestellt, jedes Mal eine Attraktion für unsere Gäste aus dem Ausland.

In über 40 Jahren habe ich in dieser Stadt viele Veränderungen und wichtige Ereignisse miterlebt. Ich werde die strengen Winter in den Sechzigern nicht vergessen, der zugefrorene Main ist mir noch gut in Erinnerung. Ich habe Kennedy auf dem Römer gesehen; auf dem gleichen Balkon wurden später die Fußballweltmeister gefeiert. Die aufregenden Straßendemos gegen die Startbahn West oder gegen den Vietnamkrieg und die Unruhen im

Westend habe ich ebenfalls miterlebt und die von Studenten besetzten Häuser mit den heraushängenden Fahnen gesehen. Viel Spaß machte der Fasching an der Hauptwache. Die Dippemess oder der Wäldchestag, typische Frankfurter Veranstaltungen, besuche ich immer noch gerne, ebenso den Flohmarkt und die Museumsuferfeste am Main.

Ich habe viel Schönes und auch weniger Schönes gesehen und erlebt, vieles gehört, geschmeckt, gerochen und erfahren. Vieles, was ein Mensch empfinden kann, habe ich in Frankfurt empfunden. Ich habe hier gute und treue Freunde gewonnen, und ich lebe gern hier. Frankfurt ist meine Stadt geworden, mit all seinen schönen, guten und weniger guten Seiten.

In zwei Städten zu Hause

Yıldız Köremezli-Erkiner

Es war schon ziemlich spät in der Nacht, als ich – um nach Hause zu kommen – durch ganz Frankfurt fahren musste. In jener Nacht, Anfang 2002, fühlte ich mich in dieser Stadt – nach fünf Jahren Aufenthalt – erstmals wirklich zugehörig. Dieses Gefühl kannte ich aus Ankara: einfach in einer Stadt zu leben und, ohne sich fremd zu fühlen, durch die Stadt zu fahren – durch meine Stadt zu fahren. Ich hatte plötzlich bemerkt, dass die Straßen mir vertraut vorkamen, dass die Gesichter der Menschen ihre Fremdheit verloren hatten. Von diesem Moment an war ich keine Ausländerin mehr. Ein neues Lebensgefühl hatte von mir Besitz ergriffen, nämlich Migrantin zu sein. Ich war nicht nur eine »Ankaralı« – eine Frau aus Ankara –, sondern auch eine »Frankfurterin«. Ich fühlte mich zugehörig, auch wenn ich wusste, dass das ein subjektives Gefühl war, von vielen inneren und äußeren Faktoren beeinflusst.

Nach Frankfurt war ich gekommen, um hier zu promovieren. Wie viele Studenten aus der Türkei hatte auch ich vor, nach Abschluss meiner Arbeit in die Türkei zurückzukehren. Ich wollte in Ankara an einer Universität als Dozentin tätig werden.

Frankfurt war für mich eine bewusste Wahl: Ich wollte in jener Stadt promovieren, in der die »Frankfurter Schule« gewirkt hatte, deren Texte und Thesen ich während meines Studiums der Politikwissenschaften in der Türkei mit großem Interesse gelesen hatte. Die Stadt sei

Zentrum Europas, eine der bedeutendsten Metropolen der Welt, habe aber auch eine ausgeprägte linke Szene. Frankfurt sei international und weltoffen, etwas Besonderes ... Dort würde man mit Migranten anders umgehen als in vielen anderen Städten. Das waren Dinge, die ich über diese Stadt gehört und gelesen hatte. In diese Stadt wollte ich unbedingt! Was ich nicht wusste und erst nach Jahren erkennen sollte, war, dass diese Stadt, insbesondere in den letzten Jahrzehnten, auch eine »Yuppiefizierung« erlebt hatte und davon geprägt war, dass die Integrationsbemühungen in Wahrheit ihrem Ruf nicht gerecht wurden und dass die linke Szene sehr viel schwächer war, als ich mir vorgestellt hatte. Trotzdem lebe ich mittlerweile seit über zehn Jahren gerne in Frankfurt und habe vor, auch weiterhin hier zu leben.

Als ich beschloss, hierzubleiben – ich habe geheiratet, und mein Mann konnte aus politischen Gründen nicht in die Türkei zurückkehren –, begab ich mich auf die Suche nach den Dingen, die es mir ermöglichen sollten, auch mit dem Herzen hier anzukommen. Doch für dieses Ankommen habe ich viel länger gebraucht, als ich anfänglich gedacht hatte, denn sich heimisch zu fühlen ist von vielen Faktoren abhängig: angefangen bei geliebten Orten einer Stadt über die Vertrautheit von Cafés, Straßen und Plätzen – und natürlich auch die Vertrautheit der Menschen, von Freunden und stabilen sozialen Beziehungen. Wichtig ist auch, dass man die gesellschaftlichen Strukturen kennenlernt, sich z. B. mit den Ämtern auszukennen, zu wissen, wer wofür zuständig ist. Am wichtigsten aber ist es, die Sprache zu beherrschen. Das braucht sehr viel Zeit, da Sprache mehr ist als »Sprache«. Sie ist die wichtigste Grundlage, um in einem anderen Land leben zu können. Wechselt man die Sprache, dann ist es, als wechselte man sein Innerstes. Über die Sprache entsteht Verbundenheit, und Sprache heißt auch Lernen. Eine andere Sprache bedeutet, auf eine andere Art denken zu lernen, in diesem Fall eine für mich fremde Art, in einem anderen Bezugsystem. Es gibt unglaublich vieles neu zu lernen und an sich zu verändern, wenn man mit 24 Jahren in eine andere Gesellschaft wechseln und dort leben möchte.

Rückblickend gibt es für mich eine wichtige Erkenntnis: Einerseits habe ich mich hier grundlegend verändert, z.B. in meinem Umgang mit Menschen, obwohl ich erkannt habe, dass die menschliche Existenz, ganz unabhängig von der ethnischen Herkunft, überall die gleichen Probleme und Grundfragen zu bewältigen hat. Diese Fragen nehme ich meist aus der gleichen politischen Perspektive wahr, wie ich das auch früher tat. Ein Teil des »Ankommens« lag andererseits für mich darin, am gesellschaftlichen Geschehen teilzunehmen. So fing ich 1998 an, mir eine politische Heimat zu suchen. Seit meinem 17. Lebensjahr war und bin ich politisch aktiv. Ich wuchs in einer politischen Familie auf und habe gelernt, dass wir alle gegenüber der Gesellschaft und gegenüber uns selbst Verantwortung tragen. Ich studierte an der legendären politikwissenschaftlichen Fakultät in Ankara. Während meines Studiums hatte ich aktiv im linksgerichteten Studentenverein sowie in Frauengruppen und Menschenrechtsorganisationen mitgearbeitet. Ich wollte auch hier Teil des politischen Lebens werden, erkennen, was ich als Linke bewegen könnte, und wollte Verantwortung für die Gesellschaft übernehmen, in der ich nun lebte.

Daher wollte ich mir in Deutschland die Partei aussuchen, in der ich mich in erster Linie theoretisch beheimatet fühlen würde. Es dauerte nicht lange, bis ich einen neuen Themenkreis für mich entdeckte: die Integrationspolitik. Das hat viele Gründe, einer davon ist, dass das Thema mich persönlich betrifft; ein anderer, dass ich bereits als Sozialarbeiterin im Bereich Integration von Migranten und Migrantinnen tätig war und dadurch auch deren Erfahrungen mitbekam. Mir wurde bewusst, dass sie in dieser Gesellschaft diejenigen sind, die von vielen politischen Entscheidungen und sozialen Gegebenheiten am härtesten betroffen sind, in der Politik allerdings am wenigsten zu entscheiden haben.

Mir wurde schnell klar, dass ich nicht nur im täglichen Leben, sondern auch auf politischer Ebene eine neue Sozialisation erleben würde, wenn ich mich aktiv in die Politik einmischte. In den ersten Jahren war ich nur Beobachterin, versuchte zu verstehen, wie das politische Leben hier funktionierte.

Anfangs war es für mich sehr eigenartig zu erkennen, wie wenige Migranten aktiv am politischen Leben teilnahmen – und das in einer Stadt, in der jeder Dritte Einwohner Migrant ist. Zahlen illustrieren am besten, wie viele Menschen in dieser Stadt von einer »Migrantenpolitik« unmittelbar betroffen sind: Frankfurt hat ca. 645.000 Einwohner (2007), 26,5 % davon haben keinen deutschen Pass. Von den Frankfurtern ohne deutschen Pass stammen 51.000 aus EU-Staaten und 114.600 aus Nicht-EU-Staaten. Die größte Migrantengruppe bilden Frankfurter und Frankfurterinnen mit türkischem Pass: 32.000 Menschen. Aus dem ehemaligen Jugoslawien stammen 30.000, 15.000 sind Italiener, 7.000 Marokkaner, 7.000 griechische, 6.000 polnische und 5.000 spanische Staatsangehörige. Um eine realistische Zahl der Migranten in Frankfurt zu erhalten, müssen die Aussiedler (ca. 4.000) dazugezählt werden. Noch eine wichtige Gruppe sind die eingebürgerten Migranten und Migrantinnen. In Frankfurt wurden seit 1990 42.970 Menschen eingebürgert, das sind 7 % der Bürger. Diese Zahlen zeigen, dass 36 % der Frankfurter einen Migrationshintergrund haben. Nach realistischen Einschätzungen wird der Migrantenanteil in dieser Stadt in 20 Jahren 50 % betragen.

Nach einer langen Lernphase in der Politik wurde ich allmählich aktiver. 2005 wurde ich Mitglied des Kreisvorstands der Linkspartei. Seit März 2007 bin ich Stadtverordnete für die Fraktion DIE LINKE. Zurzeit beschäftige ich mich hauptsächlich mit Migrations- und Integrationspolitik. Die Migranten waren und sind – gemessen an ihrem Anteil an der Gesamtbevölkerung – in politischen Gruppierungen kaum vertreten. Sie gehören überwiegend zu den sozial Benachteiligten, sind von Arbeitslosigkeit am stärksten betroffen. Wie viele Kinder aus sozial benachteiligten Familien besuchen auch Migrantenkinder in großer Zahl die Hauptschulen oder Sonderschulen. 80 % der Hauptschulkinder in Frankfurt sind Migrantenkinder. In den letzten Jahren hat sich die Teilhabe von Migranten am wirtschaftlichen, gesellschaftlichen, politischen und kulturellen Leben nicht sehr verändert.

Dabei hat Migration in Deutschland eine lange Geschichte. Migranten wurden aus deutscher Sicht ziemlich lange als Gäste angesehen, was einige Zeit auch zum Selbstverständnis der ersten Migranten gehörte. Es wurde sehr viel Zeit vertan, bis man sich auf Regierungsebene ernsthaft mit dem Thema Integration beschäftigte. Dabei wurde und wird Integrationspolitik bis heute mehrheitlich als eine vom Staat gezielt geförderte, zentral geregelte gesellschaftliche Aufgabe gesehen. Bis heute fehlt ein umfassendes Konzept zur Migrations- und Integrationspolitik auf Bundesebene sowie auf Landesebene und ebenso in vielen Kommunen.

Zum Beispiel wird heute, nach 40 Jahren Migrationsgeschichte, immer noch von der fehlenden Sprachkompetenz der Migrantenkinder in der Schule gesprochen. Wenn über die Anzahl der Migrantenkinder in den Hauptschulen gesprochen wird, wird in politischen Gremien immer wieder das Sprachproblem oder auch die fehlende Verantwortung der Familien in den Mittelpunkt gestellt – eine einseitige, viel zu einfache Erklärung, die die Verantwortung nur den Familien oder sogar den Kindern zuschiebt. Gleich nachdem die PISA-Ergebnisse veröffentlicht wurden, bestimmten solche schlichten Erklärungen die öffentliche Debatte und den politischen Diskurs: Demnach seien die Migrantenkinder schuld am katastrophalen Abschneiden des Landes. Dabei fiel vielen nicht auf, dass Schweden mit einem vergleichbaren Migrantenanteil bei PISA sehr gut abschnitt. Schwedens Bildungssystem zählt zu den integrativsten Modellen Europas. Bereits in den frühen Schuljahren werden große Anstrengungen unternommen, die sprachliche Kompetenz von Kindern mit Migrationshintergrund zu fördern. Diese Anstrengung trifft gleichermaßen auf die schwedische wie auf die Muttersprache zu. In den Schulen erhalten die Kinder Unterricht in ihrer Muttersprache, um bereits vorhandene Kompetenzen zu stärken, aber auch als Ausdruck gesellschaftlicher Anerkennung. Dadurch können sich Migranten sowohl in das schwedische Bildungssystem als auch in die Arbeitswelt schneller integrieren.

Bei der ganzen Debatte fällt immer wieder etwas Grundsätzliches auf: Wenn in politischen Gremien über Frankfurter mit Migrationshintergrund gesprochen wird, werden fast immer nur die Defizite und die Probleme thematisiert. Welche Chancen mit dieser Vielfalt verbunden sind, wollen viele überhaupt nicht wahrnehmen. In den nächsten 15 Jahren könnten hier sehr gut ausgebildete, mehrsprachige, mit der ganzen Welt in Kontakt stehende junge Menschen leben, die eine bereichernde Vielfalt und Kreativität mitbringen. Leider wird das Thema nicht aus diesem Blickwinkel wahrgenommen. Ich bin der Überzeugung, würden mehr Migranten aktiv am politischen und gesellschaftlichen Leben teilnehmen, würde dies andere Perspektiven eröffnen und in absehbarer Zeit für alle den Alltag verbessern. Interessen können nur über politische Organisationen wirksam vertreten werden. Deshalb ist eine der wichtigsten Fragen, welche Gründe es dafür gibt, dass die Migranten sich kaum an politischen Entscheidungen beteiligen, und zwar nicht nur an solchen, die sie mehr oder weniger betreffen, sondern auch an solchen, die die Gesellschaft als Ganzes angehen. Denn in der Politik interessieren alle Themen, nicht nur die konkrete Migrationspolitik, da Migranten häufig von Themen der Verkehrspolitik, Bildungs- und Außenpolitik (da sogar oft doppelt) betroffen sind. Dieses politische Engagement aller gesellschaftlichen Gruppen, eben auch der Migranten, ist eine der dringendsten Aufgaben für ein Leben in Frieden und Solidarität in einer kulturell vielfältigen Stadt und die Weichenstellung für eine künftige Gesellschaft.

Die Gründe für die mangelnde Teilnahme der Migranten am politischen Leben sind vielfältig. In vielen Städten, aber auch in den Länderparlamenten – und im Bundestag – herrschen oft unklare Vorstellungen über den Begriff der Integration. Leider sind viele Politiker unzureichend informiert und machen sich zu wenig Gedanken darüber, was es einerseits heißt, Einwanderungsland zu sein, und andererseits, was es bedeutet, als Migrant in diesem Land zu leben. Ein gutes Beispiel dafür liefert uns der Sprachgebrauch. Migranten werden in vielen Reden immer noch als »Ausländer« bezeichnet. Auch ältere Migranten, die seit über 40 Jahren in Frankfurt leben und sich schon längst als Frankfurter fühlen, oder Jugendliche, die hier geboren und aufgewachsen sind, sind im politischen Sprachgebrauch häufig noch immer Ausländer. Ein in Deutschland geborenes Kind türkischstämmiger Eltern bleibt offenbar für immer ein Ausländer!

Dass man die Migranten nicht als Ausländer bezeichnen und auf diese Weise ausgrenzen sollte, sollte endlich zu einer Grundhaltung werden, die klare Signale aussendet, dass alle, Migranten und Deutschstämmige, zu einer Stadt gehören. Solange man diese Menschen immer noch als Fremde definiert und ausgrenzt, kann niemals eine Politik verwirklicht werden, die gegenseitige Akzeptanz beinhaltet und das Zusammenleben fördert.

Ganz offenbar denken viele, man gehöre entweder zu dieser oder jener Gesellschaftsgruppe – man ist entweder Deutscher oder Ausländer. Als eingebürgerter Deutscher darf man nicht mehr »anders« sein, nicht mehr »abweichen«. Doch diese Vorstellung von Integration ist völlig unrealistisch. Jüngste Integrationstheorien erkennen an, dass sich die Gesellschaftsstrukturen stark verändert haben. Singuläre Identitäten gehören der Vergangenheit an. Im Zeitalter der Globalisierung haben Menschen oft multiple Identitäten, wie z. B. Türke-Deutscher-Europäer, das heißt, dass wir den Zusammenhalt unserer Gesellschaft nur durch eine Politik fördern können, die alle in Deutschland lebenden Menschen in ihrer kulturellen Vielfalt akzeptiert und gleich behandelt. Es heißt auch, dass eine neue Basis mit gemeinsamen Werten erarbeitet werden muss, die ins 21. Jahrhundert passen, Werten wie Gerechtigkeit, Solidarität, Akzeptanz, die für alle von Bedeutung sind und sich im Zuge einer tatsächlichen Chancengleichheit ausbilden können. Erst dann wird man von integrierten Migranten sprechen können, die gleichberechtigt am kulturellen, politischen, wirtschaftlichen und gesellschaftlichen Leben teilhaben. Das alles hängt in erster Linie von einer erfolgreichen Integrationspolitik ab. Diese sollte selbstverständlich vom Bund und von den Ländern mit allen nötigen Mitteln gesteuert und unterstützt werden. In erster Linie aber ist sie Sache der Kommunalpolitik, da Integration in dem sozialen Raum anfängt, in dem die Menschen zusammen leben.

Ein großes Hindernis für die Teilnahme am politischen Leben ist, dass viele Migranten noch immer kein kommunales Wahlrecht haben. Obwohl türkische Migranten seit Jahrzehnten fester Bestandteil des Lebens in dieser Stadt sind, haben sie, da sie keine EU-Bürger sind, bis heute nicht das kommunale Wahlrecht erlangt. So dürfen 20 % der Frankfurter Bevölkerung bei den Kommunalwahlen nicht zur Wahlurne gehen, jeder 5. Erwachsene hat also kein Wahlrecht. Bei Landes- und Bundestagswahlen darf in Frankfurt ein Viertel der Bürger nicht wählen. Ohne Wahlrecht sind die Migranten auch kein wichtiger Gesprächspartner für die politischen Parteien und fühlen sich deshalb überwiegend diskriminiert und ausgegrenzt, ungerecht behandelt, vor allem aber als Menschen übergangen.

Für viele Migranten ist dieser Entzug politischer Grundrechte ein Zeichen dafür, dass sie in diesem Land als Menschen zweiter Klasse betrachtet werden, dass sie nicht erwünscht sind. Auch der hessische Staatsangehörigkeitstest beweist auf absurde Weise, dass von Migranten, die sich einbürgern lassen wollen, erwartet wird, bessere und gebildetere Deutsche zu sein, als es die gebürtigen Deutschen teilweise sind. Auch das Erlangen der deutschen Staatsbürgerschaft wurde in den letzten Jahren zunehmend erschwert. Dies behindert die Integration in allen Bereichen, insbesondere aber im politischen Bereich. Migranten und Migrantinnen haben nur beschränkte Möglichkeiten, politisch aktiv zu werden, und diese Möglichkeiten sind äußerst uneffektiv.

Die Kommunale Ausländervertretung (KAV) bietet angeblich die Möglichkeit der Partizipation. Die KAV ist aber kein Organ, das eigene Entscheidungen treffen kann, sondern sie trägt lediglich Anregungen über migrationspolitische Fragen an die Stadtverordnetenversammlung heran. Für ein Einwanderungsland ist dies beschämend, auch, dass die Migranten und Migrantinnen, die seit Jahrzehnten hier leben, die schon längst Frankfurter sind, in einem separaten Organ vertreten sind. Weil die Betroffenen dies genau so empfinden, ist die Wahlbeteiligung an den Wahlen zur KAV außerordentlich niedrig. Die letzte KAV-Wahl fand 2005 statt. In Frankfurt bewarben sich 27 Listen um die Stimmen der rund 140.000 wahlberechtigten Frankfurter mit ausländischem Pass. Die Wahlbeteiligung lag mit 5,7 % weit unter dem Landesdurchschnitt von 7,8 %!

Da den Migranten die politische und soziale Gleichberechtigung vorenthalten bleibt, bildeten und bilden sich eigene ethnische Vereine und Initiativen. Für viele Migranten sind die Migrantenvereine weniger Betätigungsfeld als vielmehr die nächsten Ansprechpartner. Sie erfüllen, im Vergleich zu den traditionellen deutschen Vereinen, in der Gesellschaft ganz andere Aufgaben, sie erfüllen Kommunikations-, Informations- und Beratungsfunktionen, dienen vielfach aber auch der konkreten Selbsthilfe.

Aber sogar Migranten, die das Kommunalwahlrecht haben, also EU-Bürger und Eingebürgerte, sind in den politischen Gremien kaum vertreten. Im jetzigen Frankfurter Stadtparlament haben gerade 10 % der Stadtverordneten einen Migrationshintergrund, lediglich drei sind türkischstämmig. In den Parlamenten – auf Bundes- und Landesebene sowie kommunal – gibt es nur wenige Politiker, die sich dafür einsetzen, dass Migranten sich in die Politik einbringen. Hindernisse, die sie dabei überwinden müssen, werden nicht bedacht.

Nur langsam und zögerlich werden Migranten in politische Ämter gewählt. Unter den 110 hessischen Landtagsabgeordneten ist ein einziger Migrant, der eine deutsche Mutter und einen jemenitischen Vater hat, Tarek Al-Wazir von den Grünen – und das in einem Bundesland, in dem jeder 8. Einwohner einen Migrationshintergrund hat. Die Parteien merken erst allmählich, dass Migranten ein Stimmenpotential sind, und fangen an, sich um sie zu kümmern. Sie merken aber auch, dass ohne Migranten in politischen Ämtern dieses Ziel nicht zu erreichen ist. Aus dieser Sicht sind türkischstämmige Migranten besonders wichtig, da sie die größte Gruppe darstellen. Doch insgesamt erleben die Migranten diesen Prozess des Umdenkens als zu zögerlich. Wer davon überzeugt ist, dass ein Land für echte Demokratie Sorge tragen muss, sollte als ersten Schritt für das kommunale Wahlrecht der Migranten eintreten. Selbstverständlich würden nicht gleich alle, die nach 30 Jahre Frankfurtaufenthalt auf einmal das Wahlrecht bekämen, zu den Wahlen gehen oder sich aktiv an der Kommunalpolitik beteiligen. Aber dieses kommunale Wahlrecht ist erforderlich, um anzufangen und ein erstes Signal zu senden.

Auf der anderen Seite meiner Betrachtungen stehen die Betroffenen, also die Migranten und Migrantinnen selbst. Einige der wichtigsten Gründe für die fehlende Teilnahme am politischen Leben wurden bereits genannt. Es gibt aber auch Gründe, die bei den Migranten selbst liegen. Seit mindestens zwei Jahrzehnten leben wir in einer globalisierten Welt. Das bedeutet – neben anderen Fakten – auch eine Vielfalt an unterschiedlichen Kommunikationsmöglichkeiten. Vor 40 Jahren war es nicht möglich, aus den Ländern, aus denen wir stammen, ununterbrochen Nachrichten zu erhalten, Fernsehkanäle zu empfangen. Heute hat jeder die Möglichkeit, durch die moderne Telekommunikation ständigen Kontakt zu seinem Herkunftsland zu halten. Früher war es einfacher, sich von anderen Ländern zu distanzieren. Doch viele von uns wollen dies gar nicht, und auch das ist verständlich. Wir gehören zu beiden Ländern. Viele haben Verwandte und Freunde in den Ländern, aus denen sie stammen. Und interessieren sich dafür, was dort passiert. Die Politiker, die diese Realität nicht verstehen können, machen sich Illusionen über Integration. Einige von ihnen betonen, dass Migranten Probleme aus ihren Heimatländern nicht hierher tragen sollen. Nach dieser Vorstellung sollen wir unsere alte Heimat vergessen und uns mit den Problemen in Deutschland oder in unserer

Stadt beschäftigen. Wir sind aber hier und dort, gehören hierher und dorthin. Das ist die Realität der Migration in unserem Jahrhundert. Es gibt globalisierte Nationen, also eine Nation, die in vielen unterschiedlichen Ländern siedelt, mit länderbezogenen Problemen. Da viele sich in diesem Land ausgegrenzt fühlen, richten sie sich auf ihre Heimatländer aus. Ausgrenzung hat Abschottung zur Folge. Dies ändern zu wollen bedeutet, dass Migranten verstärkt in der Politik aktiv werden und sich einmischen müssen, um sich aus ihrer derzeitigen politischen Isolation zu befreien.

Ein weiterer Grund für die Politikverdrossenheit unter Migranten besteht darin, dass ihre gesellschaftliche Sozialisation eine andere ist als die der Einheimischen. Die politische Welt ist für Deutsche eine andere als für Migranten, und das muss man erst lernen. Damit sind nicht nur die Parteien, sondern auch soziale Bewegungen gemeint. Wenn man hauptsächlich unter Türkischstämmigen lebt, ist es schwer, sich plötzlich auf ganz andere Regeln umzustellen. Das führt besonders am Anfang zu Enttäuschungen, und viele geben dann resigniert auf. Wenn man aktiv wird, wird man fast zwangsweise mit dem Thema Integration konfrontiert.

Eine weitere Schwierigkeit für viele türkischstämmige Migranten ist, dass sie hier politische Entscheidungen treffen, die sie in ihrer Heimat nicht treffen würden. Die große Mehrheit der türkischstämmigen Migranten ist eigentlich konservativ. Wenn es um die Türkei geht, wählen sie konservativ, ja sogar nationalistisch. Wenn es um Deutschland geht, ist die migrationspolitische Position der Parteien ausschlaggebend. So wählen sie hier meist die Sozialdemokraten, die Grünen und in den letzten Jahren auch DIE LINKE. Wenn ein konservativer Türkischstämmiger in einer konservativen Partei aktiv sein möchte, hat er in der Regel mit migrationspolitischen Ansätzen wenig im Sinn. In einer linken Partei könnte er sich gar nicht wiederfinden. Das erschwert es für viele, die richtige Partei zu finden.

Viele Menschen haben aber auch aus Resignation aufgegeben, etwas verändern zu wollen. Ich lebe nun seit elf Jahren in Frankfurt. Manchmal denke ich, dass ich Glück hatte, dass ich nicht hier aufgewachsen bin. Ich habe in dieser Gesellschaft keine großen Enttäuschungen erlebt, ich musste nicht schon als Kind um meine Rechte kämpfen und gesellschaftliche Diskriminierung im Alltag erleben. Eine Freundin hat erzählt, dass sie noch die Enttäuschungen und Diskriminierungen, die ihrer Mutter widerfahren sind, im Herzen trägt.

Trotz all dem denke ich, dass wir an einer Zeitenwende stehen. Unter den Migranten bildet sich ein neues Bewusstsein. Sie werden immer aktiver, und es wächst eine neue politische Generation heran.

Ein türkischer Verlag in Deutschland

Interview mit dem Gründer Yıldırım Dağyeli

Der Dağyeli Verlag publiziert seit über 15 Jahren türkische Literatur. Beatrix Caner im Gespräch mit Yıldırım Dağyeli, dem Gründer des Verlags.

Beatrix Caner: Du hast als einer der Ersten in Deutschland einen Verlag für türkische Literatur gegründet. Was war der Leitgedanke dabei?

Y. Dağyeli: Der Dağyeli Verlag wurde im Herbst 1982 gegründet. Vorher gab es schon den Ararat Verlag in Berlin, der heute nicht mehr existiert, und den Unionsverlag in Zürich, damals ein kleiner Verlag, mit dessen Mitbegründer ich befreundet war und dem ich auf seine Bitte hin einen türkischen Autor vorgeschlagen hatte, und zwar Yaşar Kemal, den er von da an in seinem Programm führte. Und auf Yaşar Kemals ausdrücklichen Wunsch hin übersetzte ich in den 1970er Jahren zusammen mit meiner Frau, Helga Dağyeli-Bohne, fünf seiner Romane ins Deutsche. Mehrere Jahre lang wurden diese Bücher in der Presse, im Rundfunk und Fernsehen häufig besprochen.

Aber das war nicht der einzige Ausgangspunkt für einen deutschsprachigen Verlag, der sich auf türkische Literatur konzentrierte. Ich war schon in der Mittelschule sehr an der türkischen und an der Weltliteratur interessiert. Ich ging davon aus, dass mir Deutschland als »Land der Dichter und Denker« neue Horizonte eröffnen würde. Und das tat es auch! Aber es fehlte etwas, und zwar die türkische Literatur, gar nicht zu reden von den turksprachigen Literaturen außerhalb der Türkei! Das verwunderte mich sehr.

Da meine 60er und 70er Jahre mit dem Kampf gegen die faschistoiden Regierungen in der Türkei vergingen, konnte ich nur wenige Dichter übersetzen und in der Presse veröffentlichen. 1980, nach dem dritten Militärputsch in der Türkei und dem Verrat an der Spitze unserer Bewegung, zerfiel die politische Arbeit. Danach gründete ich einen Verlag unter meinem Namen, übernahm einige Bücher eines alten Verlags und begann die ersten eigenen Bücher herauszugeben.

Da ich in der damaligen politischen Szene kein Unbekannter war, bekam ich viel Unterstützung von Autoren, darunter junge Autoren wie Zafer Şenocak und Levent Aktoprak, sowie von einigen Verlegern und Übersetzern.

Ich denke, dass ohne unsere Bücher ein kleiner Teil der Bevölkerung hierzulande auf dem Trockenen gesessen hätte, was die türkische Literatur anbelangt, und, was noch wichtiger ist, viele Informationen über die Erziehung der Emigrantenkinder hätte man entbehren müssen! Auch über die religiöse Einstellung der Türken etwas zu erfahren war vielen Lesern ein Anliegen. Es erschienen die Bücher »Alevismus und Bektaschismus« sowie »Der politische Harem«. Außerdem sind die Bücher »Das Kopftuch« und »Die Frau in der türkischen Gesellschaft« zu nennen, dann ein Buch für den Kindergarten »Miteinander leben und feiern« sowie »Die Türkei im Umbruch«, und ein weiteres mit dem Titel »Es geht auch anders«.

Ein Fehler damals war, der Ermutigung aus dem Umfeld des Verlages zu folgen und Bücher deutscher Autoren zu publizieren, mit denen wir keinerlei Erfolg erzielen konnten. Ein weiterer Fehler war die Herausgabe von Kinderbüchern aus der Türkei in türkischer sowie deutscher Sprache, die hier keine Anerkennung fanden. Das kam wahrscheinlich daher, dass die türkischen Eltern damals den Wert solcher Bücher noch nicht erkannten.

B. C.: Welche Ziele hast du mit deiner Arbeit verfolgt?

Y. D.: Ich bin ein politischer Mensch. Daher war der Verlag politisch, die Autoren waren politisch. Ich versuchte mich in erster Linie auf die türkische Literatur in deutscher Sprache zu konzentrieren und gleichzeitig Bücher über die Fragen der damaligen Emigranten und über die Erziehung der Emigrantenkinder herauszugeben. Wenn ich diese Linie jetzt rückblickend beurteile, denke ich, dass ich damit erfolgreich war. Ein Handbuch für den Kindergarten, ein türkisches Sprachbuch und der Gedichtband von Orhan Veli Kanık, der 1985 Nummer eins in der berühmten Bestsellerliste des SWF wurde, zeugen davon. Es ist bisher das einzige Buch eines türkischen Autors auf dieser Liste!

In den folgenden Jahren erschienen Bücher u. a. über die Rolle der Frau in der Türkei, über das Kopftuch in Geschichte und Gegenwart, darüber hinaus Literatur von Demir Özlü, Nedim Gürsel, Zafer Şenocak, Levent Aktoprak, Yüksel Pazarkaya, Aras Ören, Mewlana Celaleddin

Rumi, Yunus Emre usw. Einige von ihnen verkauft der J&D Dağyeli Verlag heute noch.

1988/89 erhielten wir die Rechte für das Werk von Nâzım Hikmet in deutscher Sprache. Wir haben nacheinander eine Auswahl seiner Gedichte zu drei Themenbereichen herausgegeben. Gleichzeitig haben wir an der Übersetzung seines »Epos des Befreiungskrieges« sowie an den »Menschenlandschaften« gearbeitet. Diese Arbeit musste wegen meiner schweren Krankheit 1994 unterbrochen werden.

Wir veröffentlichten außerdem Gedichte von Behçet Necatigil. In den folgenden Jahren kamen Romane der Aserbaidschaner Anar und Elçin hinzu. Neben den Sachbüchern, die wegen des politischen Inhaltes immer wieder nachgefragt wurden, erreichten wir endlich das nicht speziell auf die türkische Literatur konzentrierte deutsche Lesepublikum, zum Beispiel mit dem Buch über den ersten Irakkrieg der USA »Wir sind die Herren und ihr unsere Schuhputzer«.

Vom Frühjahr 1994 bis Ende 1996 musste ich wegen meiner schweren Krankheit pausieren.

In den folgenden zwei Jahren, nach meiner Krankheit, versuchte ich, den Verlag wieder funktionsfähig zu machen. Mein Ziel war, den Verlag mit der Herausgabe türkischer Autoren zu konsolidieren und mit der Veröffentlichung von Büchern turksprachiger Autoren fortzufahren.

Wir hatten Ende der 80er, Anfang der 90er Jahre angefangen, aserbaidschanische Autoren herauszugeben. Anar und Elçin, die Vertreter der neuen Generation, erschienen bei uns kurz nacheinander. Wir setzten diese Reihe im Jahre 2000 mit dem kasachischen Autor Rollan Seysenbayev fort. Danach erschienen aus Yakutien der Sacha-Autor Ivan Gogolev und der Usbeke Uçqun. 2007 veröffentlichten wir aus Kasachstan Abdi Amil Nurpeissov und Muchtar Auesov. Aus dieser Reihe »Kasachische Bibliothek« erscheint im Sommer dieses Jahres (2008) ein zweisprachiger Gedichtband von Oljas Suleymanov. Autoren aus den turksprachigen Ländern, das heißt aus Tataristan, Turkmenistan, Aserbaidschan, Kirgisien, Kasachstan, Tschuwaschistan sowie uigurische Autoren aus China etc., werden in den nächsten Jahren folgen.

B. C.: Wie wählst du deine Autoren in der Türkei und in den turksprachigen Ländern und Gebieten aus?

Y. D.: Wir haben zunächst mit den türkischen Autoren in der Türkei und im Ausland begonnen. Dies wollen wir fortsetzen. Mit einem Teil dieser Autoren bin ich befreundet. Wir haben sie unter Vertrag genommen und ihre Bücher veröffentlicht. In den 80er und 90er Jahren war dies nicht so schwierig, aber Mitte 2000 tauchten plötzlich literarische Agenturen auf, die uns Schwierigkeiten bereiteten. Es ist natürlich gut, wenn Autoren literarische Agenten haben, die sie überall auf der Welt vertreten. Aber die neuen Agenturen, deren Zahl in der Türkei nicht allzu groß ist, haben Autoren mit großen Versprechungen Verträge unterschreiben lassen. Wenn wir nun an einem dieser Autoren interessiert sind, haben wir mit diesen Agenturen zu tun. Als ich z. B. einen Autor aus der Türkei, den ich gut kenne und der auch mich kennt, veröffentlichen wollte, brachte er mich zu seiner Agentur in Istanbul. Die Agentur verlangt von mir, einen Vertrag über zwei bis drei Jahre abzuschließen. Das wunderte mich. Die Türkei hat Anfang 2007 endlich den Vertrag für das Copyright für Verlage und Autoren unterschrieben. Demnach müssenVerträge mit Autoren aus der Türkei mit denen anderer Länder vergleichbar sein. Das heißt, wenn ich einen Vertrag mache und die Bücher des Autors verkaufe, dann ist dieser Autor so lange in meinem Verlag, so lange beide Seiten dies wollen. Aber die Agentur gab nicht nach, und so konnten wir den Vertrag mit diesem Autor nicht unterschreiben. Wie ich später erfuhr, hat diese Agentur dem Autor nur 50 % des Honorars zugestanden.

Trotz solcher Widrigkeiten haben wir in den letzten zehn Jahren guten Kontakt zur türkischen Literaturszene hergestellt. Die Autoren, die jetzt zur Frankfurter Buchmesse publiziert werden, haben wir neu ins Programm genommen. Wenn wir einen Autor für die Veröffentlichung auswählen, heißt das, dass wir uns schon seit zwei bis drei Jahren intensiv mit diesem Autor, dieser Autorin, beschäftigt haben. Dank des Internets ist dies heute kein Problem.

B. C.: Wie wurden die Bücher von der deutschen Öffentlichkeit, von den Medien, aufgenommen?

Y. D.: Zuerst bleibt festzustellen, dass ich Glück hatte im Vergleich zu anderen ausländischen Verlagen hier. Als ich den Verlag gründete, haben viele meiner ehemaligen politischen Freunde sich zusammengetan und überall in Westdeutschland und Westberlin Buchhandlungen eröffnet. Sie haben in Deutschland, das kann man so sagen, etwas angestoßen, neben politischen Büchern vom Linksliberalismus bis zur äußersten Linken haben sie nämlich auch literarische Bücher der Vergangenheit und Gegenwart in ihr Programm aufgenommen, darunter Autoren, die in Vergessenheit geraten waren. Von diesen Buchhandlungen sowie von unserer jetzigen Auslieferung, die ebenfalls eine politische Linie verfolgt, wurde ich mit offenen Armen aufgenommen. Daher hatte ich einen leichten Zugang zum Buchmarkt.

Besonders hervorzuheben ist hier die Haltung der Buchhandlung »Ypsilon« in Frankfurt, in deren Nähe ich wohnte und den Verlag betrieb. Ihre Gründer kamen 1983 zu mir und nahmen meine Bücher ohne große Umschweife in ihre Regale.

Was die Kontakte zu den Medienvertretern anbelangt, so halfen mir die Freunde des Verlags, indem sie mich auf verschiedene Rezensenten in den Medien aufmerksam machten, die ich zum Teil aus der politischen Bewegung der früheren Jahre kannte. Ich brachte ihnen meine Bücher, und sie besprachen sie im Rundfunk, Fernsehen, in den Zeitungen und Zeitschriften. Mit den neuen Büchern nahm die Zahl der Rezensenten zu, so dass wir schließlich die Neuerscheinungen an 130 bis 150 Kritiker verschickten. Wir konnten diesen Kreis bis 1994 erweitern. Durchschnittlich erschienen in den Medien zu jedem Buch 10 bis 30 Rezensionen, aber die höchste Zahl, etwa 150 bis

180, erreichten »Das Kopftuch« von Nâzım Hikmet sowie »Der politische Harem« von Fatima Mernisssi.

B. C.: Wie waren die Reaktionen der Leser?

Y. D.: Im Grunde genommen waren unsere Leser von 1982 bis 1994 zu über 80 Prozent Lehrer und Erzieher, die mit türkischen Kindern zu tun hatten, sowie linksorientierte Intellektuelle, die in jenen Jahren die Türkei bereisten. Die Mehrzahl der Leser konnte bereits Türkisch oder war dabei, es zu lernen.

Die Mehrheit der ersten Generation des türkischen Publikums in Deutschland konnte man wegen der Sprachschwierigkeiten nicht zu unserer Kundschaft zählen. Ab 1988 merkten wir, dass junge Türken, die das Gymnasium besuchten oder an den Universitäten ein Studium begonnen hatten, zu unserem Verlagshaus kamen und sich über einige Autoren erkundigten. Sie sprachen zunächst Türkisch, wechselten aber rasch ins Deutsche, weil sie es besser beherrschten als ihre Muttersprache. Dabei entdeckten wir, dass die neue Generation der in Deutschland ansässigen Türken damals zwar Deutsch sprach, sich jedoch für die Kultur ihrer Heimat interessierte. Gegen Ende der 90er Jahre und zu Beginn des 21. Jahrhunderts nahm die Anzahl der türkischen Kinder, die sich hauptsächlich auf Deutsch verständigten, weiter zu, und jetzt kamen sie nicht mehr nur aus den großen Städten, sondern auch aus ländlichen Gebieten. Immerhin hatten sie Interesse an der Kultur ihrer Eltern.

Trotz der negativen Kampagne des Ex-Kanzlers Kohl gegen die in Deutschland lebenden Türken und der veränderten wirtschaftlichen Situation in Europa gaben einige Verlage Literatur aus der Türkei und anderen turksprachigen Ländern heraus, wenn auch unter Schwierigkeiten, doch seit 2000 hat sich der Stellenwert der türkischen Literatur in Deutschland und anderen europäischen Ländern merklich gebessert.

B. C.: Wie beurteilst du den intellektuellen Austausch zwischen Deutschen und Türken? Hat sich daran in den letzten zehn Jahren etwas geändert?

Y. D.: Selbst wenn jemand in der Ära Kohl sich im Urlaub oder beruflich in Istanbul, an der ägäischen Küste oder im Süden aufhielt, hat er sicherlich gemerkt, dass dort in den Städten und in ihrer Umgebung zahlreiche Deutsche lebten und arbeiteten. Ich habe dort sehr interessante Leute kennengelernt, darunter viele Lehrer, die in türkischen Schulen unterrichteten, sowie Professoren, die regelmäßig mit türkischen Universitäten kooperierten und sowohl hier wie auch dort Vorlesungen und Seminare hielten. Zahlreiche Deutsche, die sich in der Türkei niedergelassen haben und nicht zuletzt viele binationale Ehepaare aller Schichten leben dort Tür an Tür mit ihren türkischen Nachbarn. Diese Menschen fühlen sich in der Türkei wohl und arbeiten als Inhaber verschiedener Geschäfte und Firmen, gründen Schulen. Auf diese Weise lernen die Deutschen nicht nur von den Türken und von der türkischen Umgebung, zum Beispiel Sitten und

Gebräuche, sondern die Mehrheit der Türken in Deutschland lernt hier eine modernere Arbeits- und Lebensweise sowie eine andere Freizeitgestaltung kennen. Wenn es in Duisburg, Köln, München, Berlin, wie einige Deutsche hier meinen, Türkenghettos gibt, so fühlen sich dagegen die Deutschen in der Türkei, wie in Alanya, in Kuşadası oder in Urla, nicht ghettoisiert, sondern sind in ihre türkische Umgebung integriert.

Die türkische Gesellschaft lebt seit jeher mit nichttürkischen Minderheiten zusammen. Im Osmanischen Reich war das ganz deutlich zu sehen. Die Türken störten sich nicht an den Religionen der im Lande lebenden Minoritäten. Die staatlichen Institutionen traten nur bei gesetzeswidrigem Verhalten auf den Plan.

Da in der Türkei zahlreiche Professoren an verschiedenen Universitäten unterrichten, die in Deutschland ausgebildet sind, versuchen sie, ihre Erfahrungen dort einzubringen, den Studenten neue Ideen zu vermitteln und Reformen anzuschieben. Im Vergleich dazu werden Türken in vielen europäischen Ländern in 50 Jahren in den jeweiligen Parlamenten sowie im europäischen Parlament Abgeordnete sein. Nicht wenige machen sich einen Namen als Maler, Schriftsteller, Professor, Schauspieler im Kino und Theater, als Regisseur und Journalist. Außerdem machen zahlreiche Fußballer türkischer Herkunft von sich reden.

B. C.: Welche Rolle kann Literatur in einem intellektuellen Austausch spielen?

Y. D.: Die Menschen, egal ob Türken oder Deutsche, finden ihren Weg selbst. Die Türken leben hier zusammen mit den Deutschen in einer deutschen Umgebung. Die Deutschen in der Türkei leben dort in einer türkischen Umgebung. Wenn die Türken hierzulande sich zurechtfinden, noch dazu gute Deutschkenntnisse schon mitgebracht oder hier erworben haben, kann die Literatur ihnen helfen, indem sie ihnen ihre Ursprünge aufzeigt, die Wünsche und Sorgen ihrer Landsleute und ihre eigenen begreiflich macht.

Um die Kulturen und das Gedankengut der Türken und der Menschen aus den turksprachigen Ländern und Gebieten bekannt machen zu können, ist es nötig, mindestens eine der Turksprachen gut zu kennen.

Nachwort

Europa ist ein Ort in den Köpfen.
Milan Kundera

In meinem Herkunftsland hatte ich nie einen Gedanken daran verschwendet, ob ich Europäerin sei. Das war selbstverständlich, weil ich im humanistischen Geist und mit einer exzellenten Bildung aufwuchs. Identitätsstiftende Momente waren in meinen Augen kulturelle Hochleistungen der gesamten Menschheit und nicht eine monoethnische, schon gar nicht eine monoreligiöse Orientierung. Im Grunde genommen hielt ich eine ethnische Zugehörigkeit für völlig bedeutungslos und nicht zum 21. Jahrhundert – in das wir ja steuerten – passend. Meine Auffassung darüber hat sich bis heute nicht geändert, und ich empfinde ein gewisses Bedauern, wenn sich Menschen Schranken auferlegen und sich selbst damit auf ein Minimum reduzieren, anstatt aus dem Reichtum und der Vielfalt dieser Welt zu schöpfen und sich zu entfalten.

Deutschland bot mir erstmalig Gelegenheit, tatsächlich viele Menschen aus verschiedenen Gegenden der Welt kennen zu lernen. Frankfurt war für mich von Anfang an eine Stadt, die bunt und weltoffen erschien, in der Dutzende Nationen lebten und ich Gelegenheit hatte, unsere Welt »en miniature« zu sehen. Mit der Zeit musste ich zwar erfahren, dass ich Weltoffenheit wohl doch anders definieren würde und daß diese Vielfalt von den Einheimischen nicht immer geschätzt wurde, ja sogar häufig auf Ablehnung stieß. Dennoch empfinde ich das Leben in Frankfurt als angenehm international.

In Frankfurt lernte ich während meines Studiums auch die ersten Türken kennen. Sie alle waren Studenten. Diese ersten Kontakte weckten mein Interesse, schließlich stammte ich aus einem Land, Ungarn, dessen Geschichte mit der des Osmanischen Reiches verwoben war, was auch im Schulunterricht zur Sprache kam. Natürlich wurden die Türken in den Geschichtsbüchern stets negativ dargestellt, aber in meinem Freundeskreis gab es auch begeisterte Anhänger der türkischen Kultur. Also war ich neugierig und ohne die üblichen Ressentiments (die ich auch nicht nachvollziehen kann: Wieso empfindet man Hass gegenüber den heutigen Türken, weil ihre Ururgroßväter vor Jahrhunderten Kriege auf dem Balkan führten? Nach dieser Logik wäre Frieden niemals möglich).

Meine Kontakte zu den türkischen Studenten ließen in mir den Gedanken reifen, diese Sprache näher kennenzulernen, und ich beschloss, Orientalistik zu studieren. Schon die erste Stunde war für mich eine Offenbarung. Der damalige Turkologe in Frankfurt, Prof. Dr. Horst Wilfried Brand, rief mich zu sich und führte mich in die Seminarbibliothek. Dort zeigte er mir mehrere Reihen Bücher, nahm eines heraus und sagte: »Auf Sie haben wir hier gewartet. Diese Zeitschriften sind auf Ungarisch. Wussten Sie, dass die Ungarn die ersten Turkologen waren und eine intensive Forschung betrieben? Wir haben hier alle wissenschaftlichen Zeitschriften, aber niemand kann sie lesen.« Um ehrlich zu sein, hatte ich das nicht gewusst, aber es freute mich ungemein, und ich wusste, ich war in einem Fach, in dem ich mich »zu Hause« fühlen würde. Tatsächlich eröffnete mir mein Studium ganz neue Denkdimensionen. Worüber ich mich nur wunderte – und diese Verwunderung hält bis heute an –, war, warum dieses Fach die Millionen von Türken, die in Deutschland leben, vollkommen außer Acht lässt. Es waren und sind andere Fächer und andere Wissenschaftler, die sich mit den in Deutschland lebenden Türken beschäftigten, Ethnologen, Soziologen und eine Zeit lang die Germanisten. Nur von der Turkologie scheinen sie bis heute unbeachtet zu sein. Schade.

Ich meinerseits fand, dass die Türken in Deutschland eine ganz besondere Aufmerksamkeit verdienten. Wenn man sie näher kennt, sind sie nicht die »abgekapselte« Gruppe, die sich von den Deutschen distanziert, sondern überaus gastfreundliche, nette und herzliche Menschen, ohne die mein Leben sehr viel ärmer wäre. Ich konnte seit 1973, seit ich in Deutschland lebe, sehr genau beobachten, wie sich die Einstellung der Deutschen gegenüber der türkischen Bevölkerung veränderte. Diese Einstellung, die sich offenbar ausschließlich am ärmlichen oder auch am abweichenden Aussehen dieser Menschen orientierte, erscheint fragwürdig und irrational. Auf jeden Fall erlebte ich die Zeit, als in Bockenheim in den verfallenden Altbauten überwiegend Türken wohnten, dann die Entdeckung dieser Bausubstanz und ihre aufwendige Sanierung. Der Sanierung allerdings ging eine hässliche Auseinandersetzung mit dieser hilflosen Klientel voraus, die man aus den Wohnungen herauskündigte, notfalls mit den schlimmsten Mitteln. In der Not wurden viele türkische Familien in Wohngebiete umquartiert, die man heute arrogant »Ghettos« nennt und für die man die Verantwortung den Betroffenen zuschiebt.

Dann kam die Ölkrise und die Gemüter spielten verrückt – dank der Massenmedien. Die erste aggressive Diskussion, dass »Ausländer« in ihre Heimat zurückkehren sollten, erlebte ich in diesem Zusammenhang. Die Fremdenfeindlichkeit war geradezu mit Händen greifbar. Wenn es in den Nachrichten um Arbeitslosigkeit ging, war im Hintergrund immer ein türkischer Arbeiter zu sehen, so entstand die Assoziation, diese Gruppe sei »schuld« an der Krise. Das Kindergeld, das sie angeblich reich machte, wurde zu einem Dauerbrenner. Der damalige Bundeskanzler Helmut Schmidt war kein Türkenfreund, und mich schockierten einige seiner Aussagen (damit war er allerdings in bester Gesellschaft), weil sie einfach nicht zutrafen. Es wurde ein Aufnahmestopp für Gastarbeiter verhängt, der allerdings weitestgehend die Türkei betraf. Als Reaktion darauf setzte aus der Türkei eine Art Fluchtbewegung ein und Tausende Menschen gaben sich als politisch Verfolgte aus. Es gab standardisierte Aussagen von Flüchtlingen, von denen man wusste, dass sie von den deutschen Behörden akzeptiert würden. Ein wirklicher Zuwanderungsstopp konnte also nicht erreicht werden, dafür aber verschärfte sich der Umgangston, insbesondere den Türken gegenüber. Kurz gesagt, es begann eine gezielte Einschüchterungspolitik. Ich muss unterstreichen, dass bis vor einigen Jahren von Integration nie die Rede war. Es gab keine systematischen

Maßnahmen, um das Leben der fremden Arbeiter und ihrer Familien in Deutschland zu erleichtern und ihnen eine Anpassung zu ermöglichen.

Die größte Auswirkung auf die Lage der Türken in Deutschland hatte die Krise der Stahlindustrie und der mitbetroffenen Wirtschaftszweige. Im Ruhrgebiet wurden nicht nur Hochöfen heruntergefahren, auch der Untertagebergbau wurde auf ein Minimum reduziert. Die Betreiber der traditionsreichen Betriebe (man denke an den Zweiten Weltkrieg!) setzten sich in aller Stille ab und entzogen sich jeglicher Verantwortung. Im Ruhrgebiet, allen voran in Duisburg, blieben die arbeitslosen Kumpel und Stahlarbeiter zurück. Die Deutschen, die noch eine Chance auf einen anderen Arbeitsplatz hatten, zogen weg. Geblieben sind die Türken und die sozial schwächsten Deutschen. Übrigens scheint auch vergessen, weshalb so viele Türken in Berlin in bestimmten Bezirken leben: Berlin (West) war eine isolierte Stadt, in der man gezielt türkische Gastarbeiter angeworben hatte, weil andere dort nicht arbeiten und leben wollten. Wie ungeheuerlich es ist, die Wohngebiete, die auf diese Weise entstanden, Ghettos zu nennen! Opfer scheinen ihr Schicksal häufig selbst verschuldet zu haben, nur die Täter dürfen für ihre Leistungen Auszeichnungen entgegennehmen.

Die Globalisierung verschärfte das Problem noch: In einem Zeitalter, in dem alles »international« und »grenzenlos« wird, werden die Menschen mit Zwang auf eine minimalistische Identität zurückgeworfen. Ihnen wird heute ihre Abstammung, ihre Mentalität, ihr Glaube und ihre Daseinsform zum Vorwurf gemacht; daraus werden ihnen Fallen konstruiert, in die sie so oder so tappen müssen. Systematisch werden künstliche Identitätskonstrukte installiert, »gute« und »böse«. Weil die alten Fassungen nicht mehr funktionieren, werden neue konstruiert und, vor allem: Es werden neue Spielregeln aufgestellt. Aber das Problem der Spielregeln ist, dass in dem Moment, in dem der Auszugrenzende das Spiel durchschaut und dementsprechend regelkonform zu agieren beginnt, die Spielregeln sofort geändert werden. Merkmale der Ausgrenzung werden neu definiert. Dieses Spiel wird seit sehr langer Zeit exerziert.

Die Globalisierung wird auf jeden Fall dieses von der einheimischen Bevölkerung am wenigsten begrüßte Phänomen intensivieren: die Migration der Massen. Ob Armut, Umweltkatastrophen, Kriege oder allein die Hoffnung auf ein besseres Leben die Menschen dazu bewegt, ihre Heimat zu verlassen, spielt letztlich keine Rolle – aber sie werden sich dadurch noch stärker entwurzelt fühlen, werden in Europa und in Nordamerika ihr Glück suchen. Die Hierarchien der traditionellen Gesellschaften werden immer mehr in Frage gestellt und das hässliche Spiel – oder besser gesagt, das Gegeneinanderausspielen – der neuen Identitäten wird weitergehen, wird zu einem Kampfmittel des Überlebens werden. Die Verbundenheit mit einem Ort, seinerzeit Heimat genannt, wird wohl aus der Geschichte verschwinden. Ein berühmter Emigrant, Salman Rushdie, formulierte es in seinem Buch »Heimatländer der Phantasie« folgendermaßen: »Mein Heute ist mir fremd. Meine Vergangenheit aber erwartet mich mit offenen Armen in jener verlorenen Stadt, die ich hinter dem Nebel zurückgelassen habe. [...] Von jetzt an werden wir nicht mehr wirkliche Städte oder Dörfer schaffen, sondern illusorische Räume, unsichtbare, illusionäre Heimaten ...«

Europa ist tatsächlich ein (virtueller) Ort in den Köpfen. Die EU – ein Konstrukt, das die Ungleichheit in Europa abzuschaffen berufen war – verliert allmählich ihre Zauberkraft. Wir müssen über neue Modelle eines Zusammenlebens nachdenken, die ins 21. Jahrhundert passen.

Beatrix Caner

Autorenverzeichnis

Naime Çakır, geboren 1969 am Schwarzen Meer. Ihre Eltern kamen als Gastarbeiter nach Deutschland. Sie wurde mit 15 Jahren verheiratet, schaffte aus eigener Kraft eine Ausbildung als Krankenschwester, studierte später in Darmstadt Sozialpädagogik. Heute ist sie Vorstandsvorsitzende des ICA (islamisch-christlicher Arbeitskreis in Hessen), Mitglied der Sara und HagarRaueninitiative Rhein/Main, Beauftragte für den interreligiösen Dialog, Frauenbeauftragte der islamischen Religionsgemeinschaft in Hessen und seit 2007 Vorstandsmitglied des hessischen Islamforums und verfasst Artikel zu diesem Thema. Ihre Motivation ist, Vorurteile und Feindbilder gegenüber dem ›Anderen‹ abzubauen. Sie ist verheiratet und Mutter von zwei Kindern.

Beatrix Caner lebt seit 1973 in Deutschland und studierte in Frankfurt Ost- und Außereuropäische Sprach- und Kulturwissenschaften. Seit 1975 beschäftigt sie sich systematisch mit zeitgenössischer türkischer Literatur. Sie hat ein umfassendes Werk über die moderne türkische Literatur publiziert (Türkische Literatur – Klassiker der Moderne, G. Olms Verlag, 1998, 420 S.). Seit 2000 übersetzt sie türkische Literatur für den Literaturca Verlag, den sie zusammen mit ihrem Ehemann, Mesut Caner, betreibt.

Osman Çutsay, geboren 1958 in Istanbul, studierte Politikwissenschaften in Ankara. Hauptberuflich ist er als Journalist und Publizist tätig. In der Türkei ist er als

Herausgeber mehrerer Literaturzeitschriften und essayistischer Bücher bekannt geworden. Neben politischen und wirtschaftlichen Analysen in der türkischen Tageszeitung *Cumhuriyet* verfasst er kompetente literatur- und kulturkritische Essays.

Yıldırım Dağyeli, 1942 in Kırıkkale bei Ankara geboren. In der Türkei war er zunächst Arbeiter, dann, während seines Militärdienstes, Dorfschullehrer in Hilvan/Urfa. 1964 kam er als Arbeiter nach Deutschland, ab 1967 arbeitete er als Dolmetscher und Übersetzer. Er war politisch aktiv, nahm an Demonstrationen gegen die Türkei teil, weshalb ihm seine türkische Staatsbürgerschaft aberkannt wurde. Nach 1980 gründete er einen Verlag, der in erster Linie türkische Literatur publizierte, aber auch Literatur der Turkvölker der ehemaligen Sowjetunion.

Abdullah Eldelekli, 1938 in Elbistan geboren, in Antakya aufgewachsen. Studium an der Technischen Universität in Istanbul. Seit 1969 lebt er in Deutschland, seit 1988 ist er selbständiger Unternehmer für technische Gebäudeausrüstungen. Seit er in Deutschland lebt, ist er auch kritischer Beobachter jener Phänomene, die die Auswanderung bei der türkischen Bevölkerung in Deutschland ausgelöst hat. Er ist Gründungsmitglied mehrer Vereine und ziviler Organisationen in Frankfurt und Umgebung, war Vorsitzender des Deutsch-Türkischen Freundschaftsklubs.

Alp Hamuroğlu, geboren 1945, stammt aus der ägäischen Stadt Izmir. Nach seinem Medizinstudium war er in der

Türkei Zahnarzt. Politisch aktiv, gründete er einen eigenen Verlag und war als Publizist tätig. Er schreibt seit Jahren für verschiedene Zeitschriften und Zeitungen in türkischer Sprache. Seit den 1980er Jahren lebt er im Rhein-Main-Gebiet, ist aber immer noch publizistisch tätig. Neben seinem politischen Engagement beschäftigt er sich mit Literatur, Kunst und Musik, ist Autor einer profunden Studie mit dem Titel *Alman Islamı* (Der deutsche Islam).

Gürsel Köksal, geboren 1961, stammt aus der Stadt Ordu am Schwarzen Meer. Er hat in Ankara, Istanbul und Frankfurt Wirtschafts- und Politikwissenschaften studiert. Seit 1984 arbeitet er für verschiedene Zeitungen als Journalist, zuletzt bei der Tageszeitung *Sabah*, für die er ab 1987 in Frankfurt am Main tätig war. Seit dieser Zeit ist er kontinuierlich für türkische Print- und Onlinemedien als Redakteur tätig, verfasst aber auch kulturkritische Artikel. Er ist Gründungsmitglied und seit 2003 Vorsitzender des ATGB – Bund türkischer Journalisten in Europa e. V. Er ist verheiratet und Vater zweier Kinder.

Yıldız Köremezli-Erkiner, geboren 1972 in Hanau, aufgewachsen in der Türkei. Sie studierte in Ankara Politikwissenschaften. Nach dem Studium arbeitete sie zwei Jahre als Journalistin und Rundfunkredakteurin. 1996 kam sie nach Frankfurt und studierte an der FH Sozialarbeit. Derzeit arbeitet sie als Sozialarbeiterin mit psychisch kranken Migranten. Seit einigen Jahren ist sie politisch aktiv und seit März 2006 Stadtverordnete in Frankfurt am Main. Sie schreibt regelmäßig für türkische Literaturzeitschriften wie *Yazın* und *Virgül*.

Rüçhan Krusche, geboren 1944 in der türkischen Stadt Samsun am Schwarzen Meer, kam nach dem Abitur nach Deutschland. Zum Studium kehrte sie in die Türkei zurück. Nach dem Abschluss als Innenarchitektin arbeitete sie in verschiedenen Frankfurter Architekturbüros. Studium der Kunstgeschichte und Orientalistik an der Frankfurter Goethe-Universität. Rüçhan Krusche hält Fachvorträge über osmanische Kunst und Kalligraphie. Sie pendelt zwischen zwei Welten, zwischen ihren beiden meistgeliebten Städten: Frankfurt und Istanbul.

Hilmi Tozan, geboren 1973 in Frankfurt am Main, Student der Politikwissenschaften, journalistisch tätig. In den ersten Jahren seines Lebens lebte er abwechselnd in der Türkei und in Deutschland. Er kam 1980 zurück nach Frankfurt und lebt seitdem in seiner Geburtsstadt. Während der ersten Phase seines Studiums begann er als Journalist für türkische Medien zu arbeiten, war Korrespondent und Redakteur. Neben seiner journalistischen Tätigkeit ist er auch als Übersetzer und Dolmetscher tätig.

Şükran Yiğit, geboren 1961 in Istanbul, aufgewachsen in Ankara, studierte an der Technischen Universität in Ankara. Seit 1996 lebt sie in Frankfurt am Main. Ihr erster Roman *Ankara Mon Amour* wurde 2003, ihr zweiter Roman *Memoiren einer Mittelmeerkatze* 2004 in der Türkei veröffentlicht.